2010
中国城市客运发展年度报告

中华人民共和国交通运输部

人民交通出版社

内 容 提 要

本报告全面、客观地反映了 2010 年度中国城市客运发展状况和行业发展水平。报告共分为三篇，十一章，内容涵盖了城市公共汽电车、轨道交通、出租汽车、轮渡等城市客运业务管理范畴，并对城市客运信息化、城市客运节能减排、城市交通行政管理体制以及缓解城市交通拥堵等方面的情况作了专题介绍。本报告为公众了解城市客运行业发展状况提供基础信息，也为城市交通管理相关政策制定、城市客运企业发展、工程技术等相关研究提供参考。

图书在版编目 (CIP) 数据

2010 中国城市客运发展年度报告 / 中华人民共和国交通运输部主编 . — 北京：人民交通出版社，2011.12
ISBN 978-7-114-09528-3

Ⅰ . ① 2… Ⅱ . ①中… Ⅲ . ①城市运输：旅客运输 – 研究报告 – 中国 – 2010　Ⅳ . ① F572

中国版本图书馆 CIP 数据核字 (2011) 第 251464 号

书　　名：	2010 中国城市客运发展年度报告
著 作 者：	中华人民共和国交通运输部
责任编辑：	何　亮　闫　亮
出版发行：	人民交通出版社
地　　址：	(100011) 北京市朝阳区安定门外外馆斜街 3 号
网　　址：	http://www.ccpress.com.cn
销售电话：	(010)59757969，59757973
总 经 销：	人民交通出版社发行部
经　　销：	各地新华书店
印　　刷：	中国电影出版社印刷厂
开　　本：	880×1230　1/16
印　　张：	6.75
字　　数：	200 千
版　　次：	2011 年 12 月第 1 版
印　　次：	2011 年 12 月第 1 次印刷
书　　号：	ISBN 978-7-114-09528-3
定　　价：	100.00 元

(有印刷、装订质量问题的图书由本社负责调换)

编委会 Bianweihui

编写领导小组

组　长：	李　刚	交通运输部道路运输司司长
副组长：	徐亚华	交通运输部道路运输司副司长
	李作敏	交通运输部科学研究院院长
	崔学忠	交通运输部科学研究院副院长
成　员：	蔡团结	交通运输部道路运输司城乡客运管理处处长
	刘美银	交通运输部道路运输司出租汽车管理处处长
	战榆林	交通运输部道路运输司城乡客运管理处副处长
	蒋　琢	交通运输部综合规划司统计处处长
	郑文英	交通运输部综合规划司统计处调研员
	刘世春	交通运输部政策法规司政策研究处处长
	曹建国	交通运输部政策法规司政策研究处调研员
	江玉林	交通运输部科学研究院城市交通研究中心主任

编委会 Bianweihui

编 写 组

组　　长：江玉林

副组长：张好智　吴洪洋

成　　员：陈锁祥　冯立光　郭姗姗　李振宇
　　　　　贾文峥　郑　宇　郭谨一　杨丽改
　　　　　李来来　彭　虓　杨　睿　刘好德
　　　　　吴忠宜　刘荣先　朱　晗　刘小全
　　　　　张晓利　张海涛　王江平　刘向龙
　　　　　安小芬　蒋玉琨　江雪梅

编写说明 Bianxie Shuoming

本报告由交通运输部道路运输司、交通运输部科学研究院共同组织编写完成。交通运输部科学研究院城市交通研究中心承担具体的编写及组织工作。

本报告内容分为综述篇、行业篇、专题篇和年度大事记四个部分，共十一章。各章主要撰稿人如下：第一章，江玉林、冯立光、吴洪洋；第二章，冯立光、陈锁祥、李来来；第三章，郭姗姗、刘荣先、安小芬；第四章，贾文峥、郭谨一、朱晗、蒋玉琨；第五章，贾文峥、郭谨一；第六章，杨睿、彭唬、张海涛；第七章，杨丽改、吴洪洋、张晓利；第八章，张好智、刘好德、吴忠宜；第九章，李振宇、张好智、刘小全；第十章，冯立光、吴洪洋；第十一章，郑宇、王江平；全书统稿由吴洪洋、张好智、冯立光完成；文字数据校核由张好智、吴洪洋、郭姗姗完成；插图绘制由郭姗姗、杨丽改完成。

交通运输部综合规划司，交通运输部政策法规司，北京市交通运输委员会，上海市交通运输与港口管理局，济南市交通运输局，北京市交通发展研究中心等单位的有关同志参与了本报告的审稿工作，并提出了修改意见和建议。

本报告中城市客运系统包括城市公共汽电车、轨道交通、出租汽车、轮渡以及相应的服务设施设备等；本报告主要数据来源为全国交通运输统计资料汇编、公路水路交通运输行业发展统计公报、中国城市建设统计年鉴以及交通运输部道路运输司等部门的统计资料；案例材料来源于交通运输部道路运输司及政策法规司、交通运输部科学研究院和地方城市交通管理部门。本报告不含香港、澳门特别行政区和台湾省的情况。

本报告按自然地理位置划分31个省（自治区、直辖市）的东部、中部、西部地区分布：

（1）东部地区：北京、天津、河北、辽宁、上海、江苏、浙江、

编写说明 Bianxie Shuoming

福建、山东、广东、广西和海南12个省、自治区和直辖市;

(2)中部地区:山西、内蒙古、吉林、黑龙江、安徽、江西、河南、湖北和湖南9个省和自治区;

(3)西部地区:重庆、四川、贵州、云南、西藏、陕西、甘肃、青海、宁夏和新疆10个省、自治区和直辖市。

目录 Mulu

综述篇

第一章	城市客运发展概述	3
1.1	城市客运供给能力	3
1.2	城市客运服务水平	6
1.3	城市客运发展特点	9
第二章	城市客运发展环境	11
2.1	经济社会发展	11
2.2	城镇化机动化进程	12
2.3	缓解城市交通拥堵	13
2.4	推进节能减排	13
2.5	转变经济发展方式	14
2.6	保障和改善民生	14
2.7	统筹城乡协调发展	14
2.8	构建现代综合运输体系	15
2.9	进一步推进公共交通优先发展	15

行业篇

第三章	公共汽电车	19
3.1	基础设施	19
3.2	运营线路	24
3.3	运营车辆	29
3.4	运营主体	36
3.5	运营指标	39
第四章	城市轨道交通	45
4.1	规划建设	45
4.2	运营主体	48
4.3	运营线路	50
4.4	运营车辆	55
4.5	运营指标	55

目 录 Mulu

第五章 出租汽车 59
    5.1 运营车辆 59
    5.2 运营主体 61
    5.3 运营指标 62

专 题 篇

第六章 城市交通拥堵治理 69
    6.1 现状 69
    6.2 城市管理实践 69
    6.3 工作重点 72

第七章 快速公共汽车交通（BRT） 74
    7.1 现状 74
    7.2 城市管理实践 75
    7.3 工作重点 79

第八章 城市客运信息化 81
    8.1 现状 81
    8.2 城市管理实践 81
    8.3 工作重点 86

第九章 城市客运节能减排 87
    9.1 现状 87
    9.2 城市管理实践 90
    9.3 工作重点 91

第十章 城市交通行政管理体制 92
    10.1 现状 92
    10.2 城市管理实践 93
    10.3 工作重点 94

第十一章 城乡道路客运一体化 95
    11.1 背景 95
    11.2 地方实践 95
    11.3 工作重点 96

附录 2010年度城市客运大事记 98

综述篇
Zongshu Pian

第一章 城市客运发展概述

2010年，城市客运行业在全面贯彻科学发展观的战略方针指引下，深入推进行业改革与发展，行业供给能力稳步提高，服务质量不断改善，行业管理能力有效加强，城乡客运公共服务均等化加快推进，基本满足了社会公众的出行需求，行业发展开创了新的局面。

1.1 城市客运供给能力

2010年，全国城区人口平均每万人拥有公共交通车辆（包括公共汽电车和城市轨道交通车辆）为12.1标台，在当年全国城区人口增加近2000万人的情况下，万人拥有公共交通车辆数比2009年增长0.2%，比2006年增长33.0%。"十一五"期间年均增长7.0%，见图1-1。

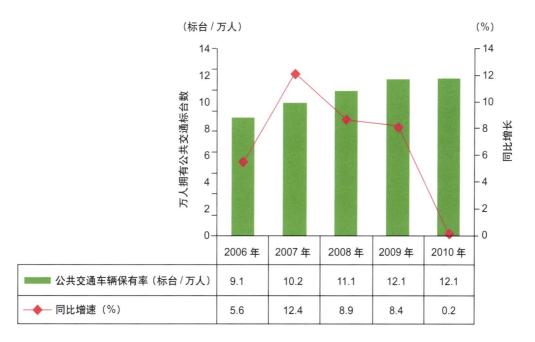

图1-1 2006～2010年全国公共交通车辆保有率情况

1- 数据来源于《中国城市建设统计年鉴》（2006～2008）、《公路水路交通运输行业发展统计公报》（2009～2010）；
2- 公共交通车辆标台数为公共汽电车标台数和城市轨道交通标台数之和，不含城市客运轮渡；3- 城区人口含城区暂住人口

截至2010年年底，全国共有公共汽电车运营车辆42.1万辆（折合45.8万标台），比2009年增长2.1%（3.8%），比2006年增长34.4%，"十一五"期间年均增长6.2%，见图1-2。2010年全国公共汽电车运营线路共计3.4万条，运营线路总长度达63.4万公里，见图1-3。

截至2010年年底，全国出租汽车运营车辆共计122.6万辆，比2009年增长2.7%，比2006年增长32.0%，"十一五"期间年均增长5.5%，见图1-4；2010年运营总里程达1488.9亿公里。

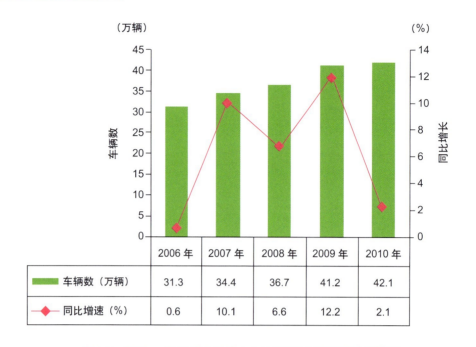

图 1-2　2006～2010 年全国城市公共汽电车运营车辆数量情况

数据来源于《中国城市建设统计年鉴》（2006～2008）、《公路水路交通运输行业发展统计公报》（2009～2010）

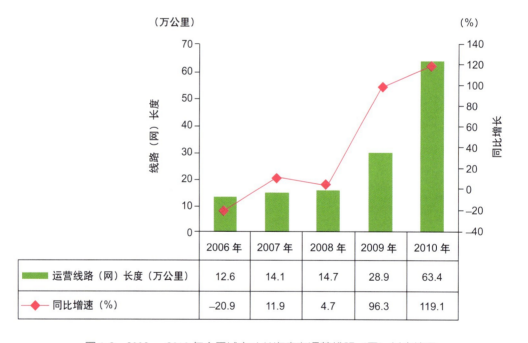

图 1-3　2006～2010 年全国城市公共汽电车运营线路（网）长度情况

1- 数据来源于《中国城市建设统计年鉴》（2006～2008）；《公路水路交通运输行业发展统计公报》（2009～2010）；
2-2006～2009 年《中国城市建设统计年鉴》按照公交线路网长度统计，2010 年《全国交通运输统计资料汇编》按照运营线路总长度（含重复线路）统计

截至 2010 年年底，全国城市轨道交通运营车辆共计 8285 辆，比 2009 年增长 51.2%，比 2006 年增长 199.7%，"十一五"期间年均增长 28.5%，见图 1-5；2010 年城市轨道交通运营线路 53 条，线路总长度为 1471.3 公里，比 2009 年增长了 47.3%，见图 1-6。

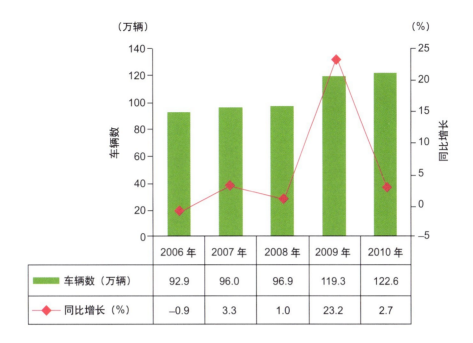

图 1-4　2006～2010 年全国城市出租汽车运营车辆数量情况

1- 数据来源于《中国城市建设统计年鉴》（2006～2008）、《公路水路交通运输行业发展统计公报》（2009～2010）；
2- 由于 2008 年及以前，《中国城市建设统计年鉴》未将部分出租汽车数量统计在内，因此 2008～2009 年间出现较大波动

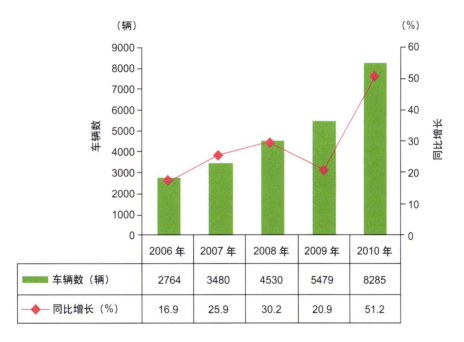

图 1-5　2006～2010 年全国城市轨道交通车辆数量情况

数据来源于《中国城市建设统计年鉴》（2006～2008）、《公路水路交通运输行业发展统计公报》（2009～2010）

截至 2010 年年底，全国城市客运轮渡船数共计 1192 艘，比 2006 年增长 91.9%，见图 1-7。

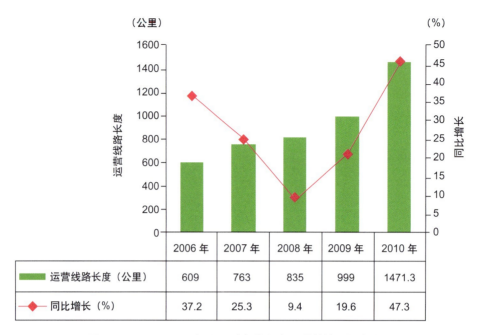

图 1-6　2006～2010 年全国城市轨道交通运营线路长度情况

1- 数据来源于《中国城市建设统计年鉴》（2006～2008）、《公路水路交通运输行业发展统计公报》（2009～2010）
2-2006～2009 年按照城市轨道交通运营线网长度统计，2010 年按照城市轨道交通线路长度统计。

图 1-7　2006～2010 年全国城市客运轮渡船数情况

数据来源于《中国城市建设统计年鉴》（2006～2008）、《公路水路交通运输行业发展统计公报》（2009～2010）

1.2　城市客运服务水平

2010 年，全国城市客运总量达到 1074.0 亿人次，比 2006 年增长 66.5%，"十一五"期间年均增长 17.2%，见图 1-8。

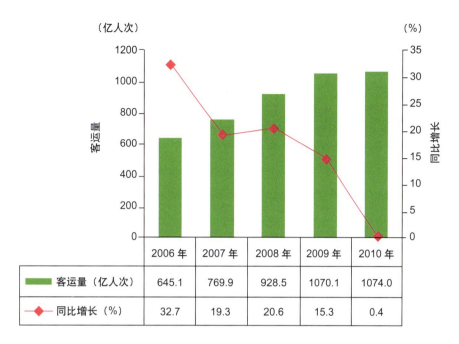

图 1-8　2006～2010 年全国城市客运总量情况

数据来源于《中国城市建设统计年鉴》（2006～2008）、《公路水路交通运输行业发展统计公报》（2009～2010）

2010 年，全国城区人口年人均乘坐公共交通次数为 184.4 次，比 2006 年增长 46.7%，"十一五"期间年均增长 6.4%，见图 1-9。

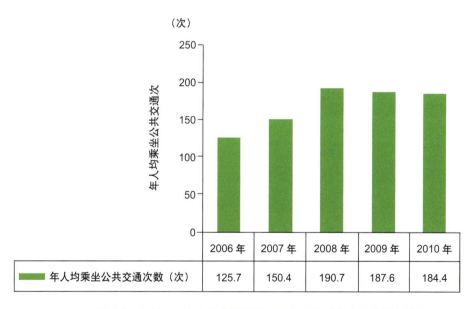

图 1-9　2006～2010 年全国城区人口年人均乘坐公共交通次数情况

1- 数据来源于《中国城市建设统计年鉴》（2006～2008）、《公路水路交通运输行业发展统计公报》（2009～2010）；
2- 公共交通包括公共汽电车、城市轨道交通、客运轮渡三种交通方式；3- 城区人口含城区暂住人口

从城市客运的几种运输方式来看，2010 年城市轨道交通和出租汽车客运量所占比重均有大幅上升，其中城市轨道交通客运量比 2006 年增长 206.0%，出租汽车客运量比 2006 年增长 96.0%。"十一五"期间各运输方式客运量情况见图 1-10。

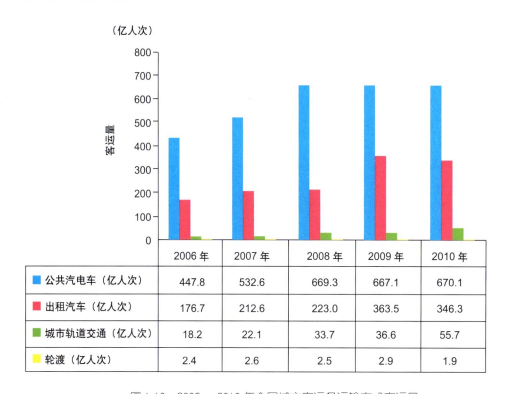

图1-10 2006～2010年全国城市客运各运输方式客运量

数据来源于《中国城市建设统计年鉴》（2006～2008）、《公路水路交通运输行业发展统计公报》（2009～2010）

2010年城市客运总量中，公共汽电车完成客运量为670.1亿人次，占62.4%；出租汽车客运量为346.3亿人次，占32.2%；城市轨道交通客运量为55.7亿人次，占5.2%；轮渡客运量为1.9亿人次，占0.2%，见图1-11。

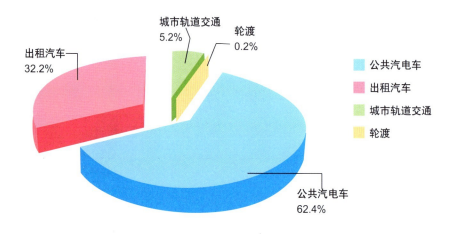

图1-11 2010年全国城市客运量比重

数据来源于《全国交通运输统计资料汇编》（2010）

2010年，全国中心城市公共交通出行分担率大多呈稳步增长态势，如北京市2010年公共交通出行分担率（不含步行）达39.7%，比2009年增长0.8个百分点，比2008年增长2.9个百分点；成都市2010年公共交通出行分担率（不含步行）达29.0%，比2008年增长3.6个百分点，见图1-12。

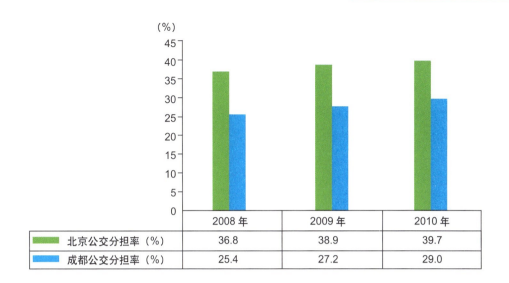

图 1-12　2008～2010 年北京市、成都市公共交通分担率（不含步行）

1- 数据来源于《北京市交通发展年度报告》（2011）、《成都市交通发展年度报告》（2011）；2- 成都市 2009 年公共交通分担率是根据 2008 年及 2010 年的数据取均值估算的

1.3 城市客运发展特点

① 交通行政管理体制改革取得新突破

2008 年国务院实施"大部制"改革以后，为进一步理顺城市客运管理体制，各地方政府积极启动了交通行政管理体制改革工作。截至 2010 年年底，全国 31 个省（自治区、直辖市）已经全部将城市公共交通和出租汽车管理职能划归交通运输管理部门，其中 10 余个省（自治区、直辖市）已经明确将所辖全部城市的公共交通和出租汽车管理职能划归交通运输部门管理。在地市层面，全国 333 个城市（含地级市、自治州、盟和计划单列市）中，超过 80% 的城市已明确由交通运输部门负责城市公共交通和出租汽车管理。此外，依据中央有关部门的指示精神，全国各级政府已经明确将出租汽车管理职能统一划归交通运输部门管理。城市客运管理体制的逐步理顺为规范城市客运行业管理，提高城市客运服务水平，推进城乡道路客运公共服务均等化提供了基础保障。

② 大容量快速公交系统建设取得新进展

大容量、快速城市公共交通系统，包括城市轨道交通和快速公共汽车交通（BRT）等，具有容量大、速度快、可靠性高、便捷舒适等优势。加快大容量、快速城市公交系统建设，对于缓解城市交通需求压力，引导城市功能布局具有重要意义。2010 年，国内许多大城市通过科学规划和加大投入，积极推动城市轨道交通和 BRT 系统建设。2010 年全国新开通城市轨道交通运营线路长度 460.3 公里；2010 年相继有合肥、枣庄、盐城等城市开通 BRT 线路，其中合肥市开通 20 公里运营线路，枣庄市开通 35 公里，盐城市开通 15 公里。全国城市轨道交通和 BRT 运营线路长度分别达到 1471.3 公里和 514 公里。北京、上海、深圳等一些特大城市初步实现了城市轨道交通的网络化运营；济南、常州、郑州等城市 BRT 运营网络不断完善，在城市交通系统中的地位日益突出，大大改善了城市居民的出行条件。

③ 以公共交通引领城市发展的理念逐步确立

推动以公共交通为导向的城市发展模式，促进城市交通与土地利用的协调，是缓解城市交通压力、促进城市可持续发展的根本途径。针对"十二五"期间我国城市交通发展的新要求和新特点，在充分借鉴国内外城市公共交通发展经验的基础上，交通运输部提出了开展国家"公交都市"示范工程的重大战略决策。2010年11月11日，交通运输部与深圳市人民政府联合签署了合作框架协议，标志着国家"公交都市"建设示范工程正式启动。"公交都市"示范工程建设的核心就是积极推动建立以公共交通为导向的城市发展模式，通过政府主导、规划引导和政策扶持等途径，全面落实城市公共交通优先发展战略，大力推进城市公共交通发展方式转变，促进城市发展与城市交通的良性互动，建立以公共交通为主体的城市交通体系。在"公交都市"新理念的指引下，国内许多城市在城市交通规划和建设过程中，将以公共交通为导向的发展模式确定为城市交通发展的核心战略，积极编制或修编城市公共交通发展规划和城市综合交通体系规划等，创新城市交通发展思路，加快城市公共交通发展进程。

④ 城市客运安全应急管理能力逐步加强

近年来，城市客运行业的安全应急保障工作，日益受到各级政府和行业管理部门的重视。特别是成都"6·5"公交车燃烧事件发生以后，各地不断加大了城市客运、尤其是城市公共交通安全应急工作的关注力度，采取了一系列加强安全防范的政策措施。城市公共交通安全应急防护设施和装备不断完善，北京、上海、深圳等城市加大城市轨道交通安全检查力度，购置安装功能完善的安全监控设施和检查设备，一些城市在城市轨道交通站点配备视频安防系统、紧急报警装置、放射性物品探测系统和毒气探测系统；许多城市进一步完善城市公交安全工作责任制和公交应急预案，使企业、政府和各有关部门的责任更加明确，安全防范意识和应急处置能力不断加强。2010年8月17日，公安部、交通运输部联合召开"加强公交客运安全防范工作电视电话会议"，对城市公共交通安全应急防范工作进行了要求和部署。此外，各地还积极开展"公交安全大检查"、"公交安全行动月"等各具特色的专项行动。

⑤ 城市交通拥堵治理受到重视

近年来，我国大城市交通拥堵问题不断加剧，成为社会广泛关注的焦点。2009年10月，胡锦涛总书记在视察北京交通工作时强调，要通过采取多种措施，切实解决北京城市交通拥堵问题。国务院其他领导同志也对缓解城市交通拥堵问题做出重要指示。为充分借鉴国际城市交通拥堵治理经验，缓解我国城市交通拥堵问题，交通运输部与美国运输部签署了关于中美交通合作的联合声明，确定在中美战略经济对话框架下成立"中美交通论坛"，下设城市交通拥堵等6个工作组。中美交通论坛城市拥堵工作组成立以来，开展了专题研讨、城市示范、案例研究以及人员培训等工作，为缓解我国城市交通拥堵问题提供了重要支持。借助城市拥堵工作组这一平台，北京市与洛杉矶市，深圳市与旧金山市分别确立了战略合作伙伴关系，在交通拥堵治理方面充分加强交流与合作。此外，交通运输部还通过设立专项科研项目，并积极加强与联合国环境规划署全球环境基金(GEF)、美国能源基金会等国际机构的合作等途径，深入研究交通拥堵治理措施。

国内一些大城市也不断创新思路，加强了交通拥堵治理的工作力度，在加大道路交通基础设施建设的同时，更加注重通过改进公共交通服务、加强交通需求管理、改进交通信息服务等途径，降低需求压力，提高运营效率。北京市在奥运会后开始实行车辆限行措施的基础上，2010年12月北京市发布了《关于进一步推进首都交通科学发展，加大力度缓解交通拥堵工作的意见》，从设施建设、车辆购置、停车管理、公交优先等各个方面，提出28条缓解交通拥堵的措施，取得了显著成效。深圳市结合当地实际，采取了错时上下班、车辆单双号限行、货车通行管理、机动车环保分类标志管理、差别化的停车收费等措施，对遏制不断加剧的交通拥堵起到了重要作用。

第二章 城市客运发展环境

2010年，我国国民经济和社会发展继续保持平稳较快的发展态势，经济发展方式转变进程进一步加快，城乡、区域一体化进程迅速推进，为城市客运发展提供了许多新的机遇，同时也提出了新的挑战。

2.1 经济社会发展

近5年来我国国民经济保持了年均9%以上的增长速度，远高于同期世界经济的平均增速。2010年我国继续实施应对国际金融危机冲击的一揽子计划，不断强化宏观调控，坚持扩大内需的战略方针，继续保持国民经济强劲的发展势头，实现国内生产总值3645.2百亿元，同比增长7.1%，已经跃升为世界第二大经济体，见图2-1。根据国民经济"十二五"发展规划预测，"十二五"期间，我国GDP将以年均7%的速度持续增长。2010年全国35个中心城市❶地方财政收入达17266.8亿元，比2005年增长165.3%。随着经济的快速发展，城乡居民的收入水平持续增长、消费能力不断提高。2005～2010年，我国城镇居民人均可支配收入从10493元增长到19109元，增长82.1%，见图2-2。

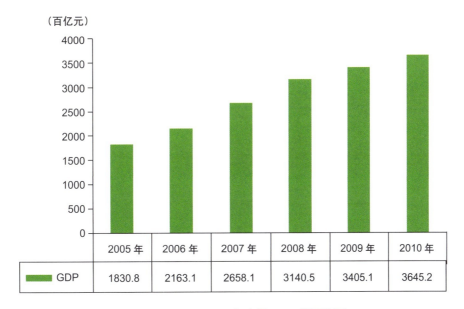

图2-1 2005～2010年全国GDP发展情况

数据来源于《中国统计年鉴》（2011）

国民经济的快速发展以及人们生活水平的不断提高导致城市交通需求在"量"和"质"方面同步提升，城乡居民出行需求日益旺盛，出行频次快速增长；同时，安全可靠、经济高效、便捷舒适乃至个性化的出行需求将不断增长，要求城市客运必须加大投入力度，提高服务能力、服务质量和服务效率，加快提供高效率、多样化、高品质的运输服务。

---

❶ 由于缺少拉萨数据，此处指除拉萨以外的35个中心城市。

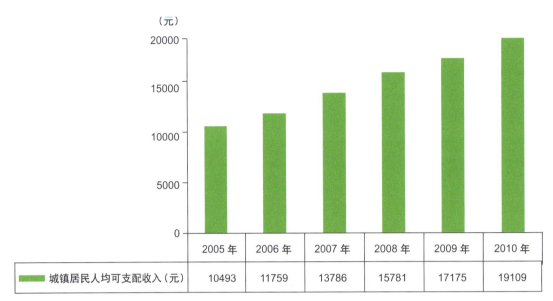

图 2-2　2006～2010年全国城镇居民可支配收入情况

数据来源于《中华人民共和国国民经济和社会发展统计公报》（2006～2010）

2.2　城镇化机动化进程

目前，我国正处于城镇化和机动化进程快速发展时期，城市客运发展面临着严峻的挑战。一方面，近年来我国城镇化率以每年近1个百分点的速度增长，每年有1000多万人口从农村转入城镇生活，见图2-3。预计"十二五"期间，城镇化率将从50.0%提高到约55%。城市人口的迅速增长以及居民出行频率的增加，给城市客运带来巨大压力。另一方面，随着经济的平稳快速发展和收入水平的不断提高，我国机动化进程不断加快，机动车保有量迅猛增长，小汽车快速进入家庭。从2000～2010年，我国民用汽车保有量

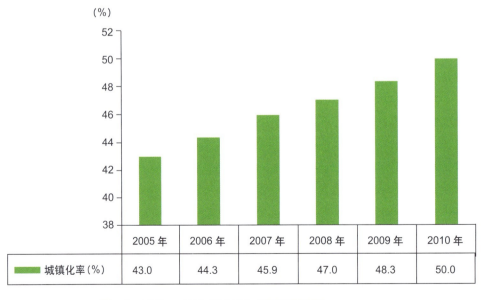

图 2-3　2005～2010年城镇化水平发展情况

数据来源于《中国统计年鉴》（2011）

从 1608.9 万辆增长到 7801.8 万辆，增长了 384.9%，见图 2-4。私人载客汽车保有量从 2000 年 365.1 万辆，迅猛增长到 2010 年的 4989.5 万辆，相当于 2000 年的 13.7 倍。机动化进程快速发展在我国大城市中表现的尤为突出。2010 年，北京市机动车保有量净增长 79 万辆，平均每天增长 2164 辆，其中私人汽车保有量日均增长 2030 辆。2010 年，深圳市民用汽车保有量达到 167.0 万辆，同比增长 17.7%，其中私人汽车保有量 117.6 万辆，同比增长 21.3%。

图 2-4　2000～2010 年民用汽车保有量及同比增长情况

数据来源于《中国统计年鉴》（2011）

2.3　缓解城市交通拥堵

随着我国城镇化和机动化进程的快速推进，居民出行需求持续增长，城市交通拥堵已经成为我国各大城市面临的一个普遍性难题，并呈现由特大城市、大城市向中小城市蔓延的态势。各大城市拥堵时段不断延长，拥堵路段不断增加，严重影响了人民群众的生活质量和城市综合竞争力的提升，引起社会各界的广泛关注。北京的调查数据显示，高峰时段中心城区行车速度约 10 公里/小时，低于自行车的 15 公里/小时，约 40% 的居民每天上班花费时间超过 1 小时。2010 年 9 月 17 日，北京市发生大面积严重交通拥堵现象，晚高峰全市拥堵路段达到 143 条，拥堵时间一直持续到当日 23 时。

为缓解日益严重的城市交通拥堵问题，必须充分发挥城市客运集约化的运输优势，尤其是发挥城市公共交通容量大、效率高、能耗少、污染小的优势，不断提高城市客运的竞争力和吸引力，减少公众对私人小汽车的依赖，降低城市道路交通压力。

2.4　推进节能减排

当前，我国面临的资源紧缺、环境污染、能源消耗过度等资源环境压力不断加大，给经济社会发展带来严重约束。2010 年，我国能源消耗总量达 32.5 亿吨标准煤，比 2005 年增长 37.7%。全国石油消耗总量 6.17

亿吨标煤❶，石油对外依存度达54.8%❷。另据世界银行的调查资料，全球空气污染最严重的20个城市中，有10个在中国，中国城市地区空气中悬浮的微粒和硫黄含量远远超过世界卫生组织规定标准，空气污染已经严重威胁到人民群众的身心健康。

为应对日益严峻的资源环境压力，国家提出建设资源节约型、环境友好型社会的战略部署。2008年开始施行的《中华人民共和国节约能源法》提出："节约资源是我国的基本国策。"《中共中央关于制定国民经济和社会发展第十二个五年规划的建议》进一步提出："有效控制温室气体排放。抓好工业、建筑、交通运输等重点领域节能。"城市交通是资源消耗和温室气体排放的重点领域之一。为降低城市交通系统的资源消耗水平，改善城市环境质量，必须大力发展城市客运，特别是公共交通，不断提高城市公共交通出行比例，降低城市交通能耗水平和污染物排放水平。

2.5 转变经济发展方式

《中共中央关于制定国民经济和社会发展第十二个五年规划的建议》提出："坚持把经济结构战略性调整作为加快转变经济发展方式的主攻方向。"2010年3月，胡锦涛总书记指出："综合判断国际国内经济形势，转变经济发展方式已刻不容缓。"国家提出加快转变经济发展方式的战略任务以来，我国经济发展方式正逐步从粗放型向集约型转变，全国已经进入经济结构调整、产业升级的关键时期。2010年12月，交通运输部李盛霖部长在全国交通运输工作会议上围绕"加快转变交通运输发展方式，开创"十二五"交通运输科学发展新局面"的主题，对交通运输行业发展提出了新的要求和部署。城市客运作为城市交通系统的核心和社会经济发展的重要服务性行业，必须顺应国家关于转变经济发展方式的总体部署，树立绿色、低碳发展的理念，加快转变发展方式，加快信息化改造和智能交通技术应用，不断提高运营效率，走资源节约型、环境友好型的可持续发展道路。

2.6 保障和改善民生

党的十七届五中全会提出，坚持把保障和改善民生作为加快转变经济发展方式的根本出发点和落脚点，推进基本公共服务均等化。当前，"民生优先、民富为本"成为各级政府新的战略着力点，也日益成为政府执政的核心目标。城市客运是城市居民出行所依赖的最主要的交通方式，是与人民群众生产生活息息相关的社会公共服务。随着各级党委和政府对社会管理和民生问题的高度重视，城市客运迎来了难得的发展机遇。同时，城乡居民对城市客运发展的需求日益迫切，需要各级政府通过加强和创新社会管理，围绕保障和改善民生，不断加大投入力度，加快提升服务能力，提高城市客运服务的覆盖面，为广大人民群众提供安全可靠、公平普惠的出行服务，促进基本公共服务的均等化。

2.7 统筹城乡协调发展

党的十六大以来，统筹城乡协调发展上升为国家战略，已成为科学发展观的基本内涵。党的十七届五中全会提出："统筹城乡发展，积极稳妥推进城镇化，加快推进社会主义新农村建设，促进区域良性互动、

---

❶ 数据来源于《中国统计年鉴》（2010）。
❷ 数据来源于《中国国土资源公报》（2010）。

协调发展"。当前，我国正处于大力推进以工促农、以城带乡，着力破除城乡二元结构，加快形成城乡经济社会一体化发展新格局的关键时期。随着城镇化进程的加快，城乡界限越来越模糊，城乡居民对统筹城乡协调发展、推进公共服务均等化的需求越来越迫切。城市客运作为政府应当提供的基本公共服务，承担着统筹城乡协调发展的纽带作用。必须加快理顺体制机制，着力解决统筹城乡公共客运协调发展中存在的突出问题，加快完善资源共享、相互衔接、布局合理、方便快捷的城乡公共客运网络，提高城乡客运服务的效率和水平。

2.8 构建现代综合运输体系

建设现代综合运输体系，加强各种运输方式的衔接和协调，加快构建便捷高效的综合运输服务网络，是交通运输发展的客观规律和新时期中国交通运输发展的显著特征。党的十七届五中全会提出"按照适度超前的原则，加快建设现代综合运输体系。"城市客运作为城市交通系统的核心，是现代综合运输体系的重要组成部分。城市客运在自身发展的同时，必须加强与其他运输方式的协调，不断完善网络布局，加快综合枢纽和换乘枢纽建设，加强信息资源整合，实现公共汽电车、城市轨道交通、出租汽车等城市客运系统内部的便捷换乘，以及城市客运与铁路、公路、水路、民航等对外交通方式的有效衔接，充分发挥各种运输方式的优势，提高综合运输体系的服务质量和运营效率。

2.9 进一步推进公共交通优先发展

2004年，国家提出城市公共交通优先发展战略。2009年10月，胡锦涛总书记在考察北京交通工作时指出，要解决城市交通问题，必须充分发挥公共交通的重要作用，为广大群众提供快捷、安全、方便、舒适的公共交通服务，使广大群众愿意乘公交、更多乘公交。2009年以来，温家宝总理又多次作出重要指示，要求就落实公交优先发展战略进行全面深入研究。随着国家对城市客运的高度重视，中央对城市公交发展的支持力度不断加大。2010年1月1日，交通运输部与财政部联合发布的《城乡道路客运成品油价格补助专项资金管理暂行办法》正式实施，城乡道路客运成品油价格补助制度进一步完善，步入了制度化、常态化、规范化的管理轨道。2010年，全国共发放城乡道路客运成品油价格补助资金418亿元，其中城市公交206亿元，农村客运79亿元，出租汽车133亿元，比2009年增长74.7%。此外，交通运输部正积极联合有关部门加快研究制订城市公共交通条例、公共交通优先发展指导意见等法规、政策和标准规范，以及城市轨道交通运营管理的法规政策。

2010年以来，交通运输部提出了开展国家"公交都市"示范试点工作的重大战略决策，"十二五"期间将选择30个城市开展国家"公交都市"建设示范工程，深入贯彻落实城市公共交通优先发展战略，加快建立以公共交通为导向的城市发展模式，促进城市发展与城市交通的良性互动，推进城乡公共客运服务均等化。通过示范工程的实施，研究和探索缓解城市交通拥堵、建设低碳行业的经验、政策措施和标准规范，为全国其他城市交通发展创造和积累经验。

随着国家城市公共交通优先发展战略的逐步实施，各省、市政府及交通运输部门（山东、辽宁、北京、深圳、郑州、西安等）也纷纷结合自身实际，制定出台了促进城市公共汽电车、城市轨道交通、出租汽车发展的地方法规、政府指导性文件以及地方性标准规范，不断加大对城市客运发展的资金投入、政策扶持、服务监管等方面的管理力度，城市客运发展的外部环境正在逐步得到改善。

行业篇
Hangye Pian

第三章　公共汽电车

3.1 基础设施

1 站场设施

截至 2010 年年底，全国公共汽电车场站面积 4495.6 万平方米，其中保养场面积 805.9 万平方米，停车场面积 3689.7 万平方米。全国 31 省（自治区、直辖市）公共汽电车场站平均面积 145.0 万平方米，其中有 12 个省（自治区、直辖市）的场站面积超过全国平均值，从高到低依次为江苏、山东、广东、浙江、辽宁、安徽、湖北、河南、四川、黑龙江、上海、河北。2010 年全国公共汽电车场站面积情况见图 3-1、表 3-1。

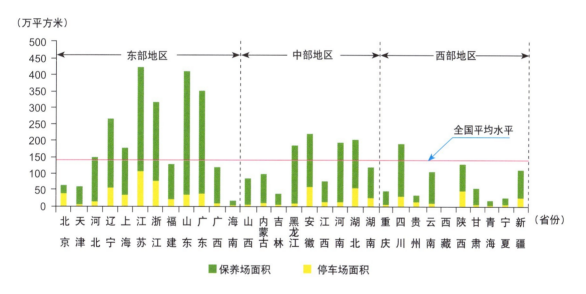

图 3-1　2010 年全国公共汽电车场站面积情况

数据来源于《全国交通运输统计资料汇编》（2010）

2010 年，全国平均每标准车可使用的场站面积为 98.1 平方米，约为行业标准《城市公共交通站、场、厂设计规范》（CJJ 15—1987）推荐面积（200 平方米 / 标台）的 49%。车均场站面积超过全国平均水平的有 15 个省（自治区、直辖市），从高到低依次为安徽、江苏、内蒙古、广西、山东、新疆、浙江、黑龙江、辽宁、陕西、福建、山西、云南、河南、湖北，见图 3-2、表 3-1。

2010 年，36 个中心城市公共汽电车场站面积占全国场站面积总量的 46.5%，有 16 个城市的车均场站面积超过全国平均水平，从高到低分别是合肥、哈尔滨、呼和浩特、济南、宁波、杭州、太原、郑州、昆明、西安、福州、沈阳、青岛、南宁、乌鲁木齐、南京。其中合肥和哈尔滨的车均公共汽电车场站面积分别为 337.3 平方米 / 标台和 238.9 平方米 / 标台，超过行业标准推荐值（200 平方米 / 标台）。2010 年全国 36 个中心城市公共汽电车车均场站面积情况见图 3-3、表 3-2。

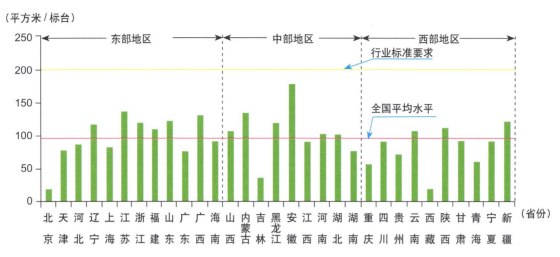

图 3-2 2010年全国城市公共汽电车车均场站面积情况

数据来源于《全国交通运输统计资料汇编》(2010)

2010年全国公共汽电车场站面积 表 3-1

东部地区	场站面积（平方米）	车均场站面积（平方米/标台）	中部地区	场站面积（平方米）	车均场站面积（平方米/标台）	西部地区	场站面积（平方米）	车均场站面积（平方米/标台）
北京	63.9	20.1	山西	86.9	108.1	重庆	46.9	57.6
天津	62.6	78.5	内蒙古	101.1	135.5	四川	190.1	91.3
河北	151.5	87.0	吉林	37.8	36.4	贵州	35.0	71.5
辽宁	268.0	117.9	黑龙江	186.7	119.8	云南	108.3	107.7
上海	177.7	82.3	安徽	219.8	178.4	西藏	1.8	18.9
江苏	455.2	138.2	江西	78.6	91.4	陕西	136.8	112.1
浙江	317.8	120.6	河南	196.3	103.5	甘肃	55.0	95.6
福建	131.5	110.4	湖北	204.8	102.0	青海	18.1	60.4
山东	411.4	123.2	湖南	122.6	77.4	宁夏	25.5	91.6
广东	351.7	76.6				新疆	111.3	122.1
广西	122.2	131.9						
海南	19.0	91.4						

注：数据来源于《全国交通运输统计资料汇编》(2010)。

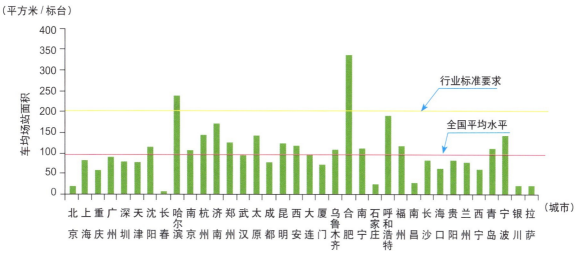

图 3-3　2010 年全国 36 个中心城市车均场站面积情况

数据来源于《全国交通运输统计资料汇编》（2010）

2010 年全国 36 个中心城市公交车场站面积情况　　　　　　　　　　表 3-2

人口规模	城市	保养场面积（万平方米）	停车场面积（万平方米）	场站面积合计（万平方米）	车均场站面积（平方米/标台）	人口规模	城市	保养场面积（万平方米）	停车场面积（万平方米）	场站面积合计（万平方米）	车均场站面积（平米/标台）
>1000万	北京	37.9	26.0	63.9	20.1	300万~1000万	大连	6.3	50.3	56.5	97.7
	上海	37.2	140.5	177.7	82.3		厦门	6.9	21.6	28.5	71.5
	重庆	5.5	41.4	46.9	57.6		乌鲁木齐	2.4	40.5	42.9	107.8
	广州	14.7	75.9	90.6	89.8		合肥	48.7	58.5	107.3	337.3
	深圳	10.5	105.9	116.4	79.3		南宁	2.5	32.6	35.1	110.6
300万~1000万	天津	5.3	56.6	62.0	78.0	100万~300万	石家庄	1.0	9.3	10.3	24.2
	沈阳	33.9	41.4	75.2	114.4		呼和浩特	4.7	30.7	35.4	189.1
	长春	1.4	1.6	3.0	6.4		福州	2.8	37.9	40.8	116.5
	哈尔滨	6.9	144.8	151.7	238.9		南昌	4.3	4.2	8.5	26.9
	南京	19.1	62.1	81.2	105.9		长沙	11.4	24.1	35.5	81.2
	杭州	62.2	62.4	124.6	142.7		海口	0.8	7.0	7.7	62.4
	济南	1.1	83.4	84.5	170.2		贵阳	9.6	11.8	21.4	82.5
	郑州	—	73.0	73.0	125.2		兰州	1.8	18.8	20.6	77.5
	武汉	38.6	55.8	94.4	96.0		西宁	0.8	11.1	11.9	60.4
	太原	—	31.2	31.2	140.9		青岛	12.0	52.3	64.4	110.7
	成都	8.4	63.0	71.4	78.0		宁波	5.9	51.9	57.8	143.0
	昆明	3.8	54.4	58.3	123.6		银川	2.8	—	2.8	21.2
	西安	42.8	52.6	95.4	117.2	100万以下	拉萨	—	1.7	1.7	20.9

注：1. 数据来源于《全国交通运输统计资料汇编》（2010）、《中国城市建设统计年鉴》（2010）。
　　2. 人口规模指市区人口与市区暂住人口合计。

总体上看，目前我国公共交通基础设施用地保障不足，公共汽电车场站建设仍比较滞后，总量缺口较大，对公共交通运营服务造成许多不良影响，全国主要中心城市公交车辆进场率普遍不足60%。

② 公交专用车道

截至2010年年底，除海南、西藏和甘肃外，全国其他28个省（自治区、直辖市）均已开通公交专用车道，公交专用车道总长度为3726.0公里。有8个省（自治区、直辖市）的公交专用车道长度超过全国平均水平，从高到低依次为广东、山东、江苏、北京、四川、新疆、辽宁、上海。2010年全国公交专用车道长度情况见图3-4、表3-3。

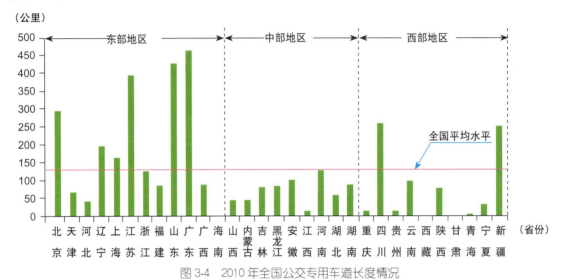

图3-4 2010年全国公交专用车道长度情况

数据来源于《全国交通运输统计资料汇编》（2010）

截至2010年年底，全国公交专用车道设置率❶仅为1.3%。新疆、北京、上海的公交专用车道设置率位列全国前三位，分别为4.9%、4.6%和3.4%。各省（自治区、直辖市）公交专用车道设置率情况见图3-5、表3-3所示。

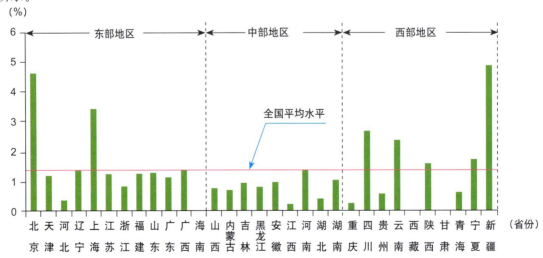

图3-5 2010年全国公交专用车道设置率情况

数据来源于《全国交通运输统计资料汇编》（2010）、《中国城市建设统计年鉴》（2010）

---

❶ 公交专用车道设置率＝公交专用车道长度/城市道路长度。

2010年全国公交专用车道长度及设置率情况

表 3-3

东部地区	长度（公里）	设置率（%）	中部地区	长度（公里）	设置率（%）	西部地区	长度（公里）	设置率（%）
北京	294.0	4.6	山西	43.7	0.8	重庆	13.0	0.3
天津	65.0	1.2	内蒙古	45.6	0.7	四川	257.2	2.7
河北	40.6	0.3	吉林	79.8	0.9	贵州	13.0	0.6
辽宁	195.6	1.4	黑龙江	83.0	0.8	云南	96.4	2.4
上海	161.8	3.4	安徽	98.6	1.0	西藏	—	—
江苏	394.5	1.2	江西	13.2	0.2	陕西	77.1	1.6
浙江	129.4	0.8	河南	129.0	1.4	甘肃	—	—
福建	85.2	1.3	湖北	56.8	0.4	青海	4.5	0.6
山东	425.8	1.3	湖南	88.3	1.0	宁夏	32.0	1.7
广东	463.1	1.1				新疆	251.5	4.9
广西	88.3	1.4						
海南	—	—						

注：数据来源于《全国交通运输统计资料汇编》（2010）、《中国城市建设统计年鉴》（2010）。

截至 2010 年年底，全国 36 个中心城市共开通公交专用车道 2259.0 公里，占全国公交专用车道总长度的 60.6%。中心城市公交专用车道设置率高于全国平均水平的有 24 个城市，排名前五位的城市分别是成都、昆明、银川、厦门、北京，见图 3-6、表 3-4。

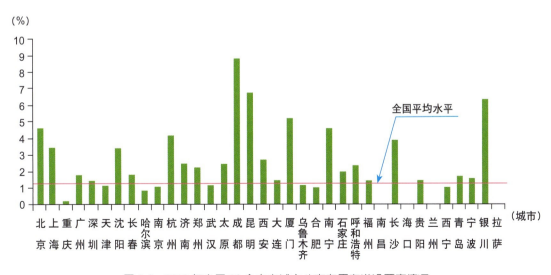

图 3-6　2010 年全国 36 个中心城市公交专用车道设置率情况

数据来源于《全国交通运输统计资料汇编》（2010）、《中国城市建设统计年鉴》（2010）

2010年全国36个中心城市公交专用车道长度及设置率情况　　　　表3-4

人口规模	城市	长度（公里）	设置率(%)	人口规模	城市	长度（公里）	设置率(%)	人口规模	城市	长度（公里）	设置率(%)
1000万以上	北京	294.0	4.6	300万~1000万	郑州	30.0	2.2	100万~300万	呼和浩特	17.0	2.4
	上海	161.8	3.4		武汉	32.9	1.2		福州	16.0	1.5
	重庆	13.0	0.3		太原	43.7	2.5		南昌	—	
	广州	128.5	1.8		成都	230.2	8.8		长沙	69.0	3.9
	深圳	183.0	1.5		昆明	95.5	6.7		海口	—	
300万~1000万	天津	65.0	1.2		西安	65.6	2.7		贵阳	13.0	1.5
	沈阳	99.2	3.4		大连	43.0	1.5		兰州	—	
	长春	66.8	1.8		厦门	63.2	5.2		西宁	4.5	1.0
	哈尔滨	12.0	0.8		乌鲁木齐	21.0	1.3		青岛	58.0	1.7
	南京	63.0	1.1		合肥	20.4	1.0		宁波	22.9	1.6
	杭州	92.0	4.2		南宁	60.0	4.6		银川	32.0	6.3
	济南	113.0	2.5	100万~300万	石家庄	29.8	2.0	100万以下	拉萨	—	

注：1. 数据来源于《全国交通运输统计资料汇编》（2010）、《中国城市建设统计年鉴》（2010）。
　　2. 人口规模指市区人口与市区暂住人口合计。

3.2 运营线路

截至2010年年底，全国共有公共汽电车运营线路33672条，全国城区人口万人拥有公共汽电车运营线路0.9条，其中，12个省（自治区、直辖市）万人拥有公交线路条数超过全国平均水平，从高到低依次为青海、云南、新疆、浙江、西藏、宁夏、内蒙古、广西、江西、福建、四川、河北。2010年全国城区人口万人拥有公共汽电车运营线路情况见图3-7、表3-5。

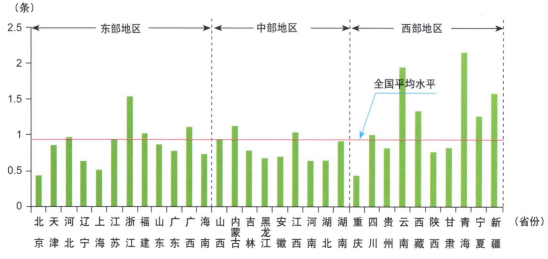

图3-7　全国城区人口万人拥有公共汽电车运营线路条数情况

1- 数据来源于《全国交通运输统计资料汇编》（2010）、《中国城市建设统计年鉴》（2010）；2- 城区人口含城区暂住人口

2010 年全国城市公共汽电车运营线路条数情况　　　　　　表 3-5

东部地区	运营线路（条）	万人拥有公交线路（条）	中部地区	运营线路（条）	万人拥有公交线路（条）	西部地区	运营线路（条）	万人拥有公交线路（条）
北京	713	0.4	山西	901	0.9	重庆	455	0.4
天津	523	0.9	内蒙古	931	1.1	四川	1574	1.0
河北	1485	1.0	吉林	833	0.8	贵州	439	0.8
辽宁	1334	0.6	黑龙江	914	0.7	云南	1420	1.9
上海	1165	0.5	安徽	863	0.7	西藏	60	1.3
江苏	2398	0.9	江西	847	1.0	陕西	601	0.8
浙江	2782	1.5	河南	1349	0.6	甘肃	442	0.8
福建	1019	1.0	湖北	1119	0.6	青海	255	2.1
山东	2354	0.9	湖南	1116	0.9	宁夏	281	1.3
广东	3407	0.8				新疆	992	1.6
广西	934	1.1						
海南	166	0.7						

注：1. 数据来源于《全国交通运输统计资料汇编》（2010）、《中国城市建设统计年鉴》（2010）。
　　2. 城区人口含城区暂住人口。

2010 年全国 36 个中心城市中，有 4 个城市的城区人口万人拥有公共汽电车运营线路水平超过全国平均值 0.9 条，分别为杭州、宁波、拉萨、昆明。其中杭州市和宁波市万人拥有公共汽电车线路均为 1.9 条，居 36 个中心城市之首，见图 3-8。

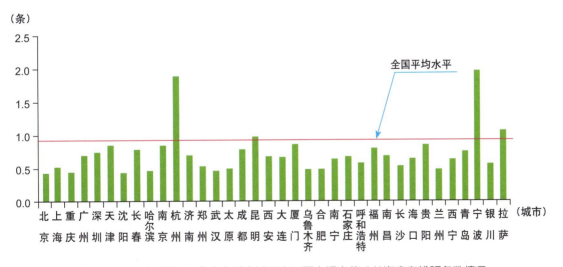

图 3-8　2010 年全国 36 个中心城市城区人口万人拥有的公共汽电车线路条数情况

1- 数据来源于《全国交通运输统计资料汇编》（2010）、《中国城市建设统计年鉴》2010；2- 城区人口含城区暂住人口

截至 2010 年年底，全国公共汽电车运营线路总长度达 63.4 万公里，平均每条线路长度为 18.8 公里。广东省公交线路总长度达到 7.3 万公里，位于各省份之首；内蒙古自治区单条公交线路平均长度为 26.4

公里，位于各省份之首。2010年我国公共汽电车运营线路长度情况见表3-6。

2010年全国公共汽电车运营长度及单条线路平均长度情况 表3-6

东部地区	线路总长度（公里）	单条线路平均长度（公里）	中部地区	线路总长度（公里）	单条线路平均长度（公里）	西部地区	线路总长度（公里）	单条线路平均长度（公里）
北京	18743	26.3	山西	17837	19.8	重庆	11183	24.6
天津	12322	23.6	内蒙古	24572	26.4	四川	22432	14.3
河北	23901	16.1	吉林	11176	13.4	贵州	6056	13.8
辽宁	21163	15.9	黑龙江	14913	16.3	云南	35560	25.0
上海	23130	19.9	安徽	12242	14.2	西藏	1134	18.9
江苏	44941	18.7	江西	14619	17.3	陕西	11638	19.4
浙江	47074	16.9	河南	22994	17.0	甘肃	6765	15.3
福建	16352	16.0	湖北	19592	17.5	青海	4340	17.0
山东	53992	22.9	湖南	19377	17.4	宁夏	5861	20.9
广东	72531	21.3				新疆	19464	19.6
广西	13627	14.6						
海南	4159	25.1						

注：数据来源于《全国交通运输统计资料汇编》（2010）。

2010年，全国36个中心城市的公共汽电车运营线路条数为10218条，总长度为20.7万公里，单条线路平均长度为19.7公里，大于全国平均值。2010年全国36个中心城市公共汽电车运营线路情况见表3-7。

2010年全国36个中心城市公共汽电车运营线路情况 表3-7

人口规模	城市	线路条数（条）	线路总长度（公里）	单条线路平均长度（公里）	人口规模	城市	线路条数（条）	线路总长度（公里）	单条线路平均长度（公里）
>1000万	北京	713	18743	26.3	300万~1000万	大连	190	3090	16.3
	上海	1165	23130	19.9		厦门	235	4463	19.0
	重庆	455	11183	24.6		乌鲁木齐	134	3515	26.2
	广州	600	11547	19.2		合肥	121	1856	15.3
	深圳	758	16987	22.4		南宁	137	2336	17.1

续上表

人口规模	城市	线路条数（条）	线路总长度（公里）	单条线路平均长度（公里）	人口规模	城市	线路条数（条）	线路总长度（公里）	单条线路平均长度（公里）
300万～1000万	天津	520	12240	23.5	100万～300万	石家庄	166	2405	14.5
	沈阳	202	3718	18.4		呼和浩特	90	1556	17.3
	长春	242	4371	18.1		福州	162	2502	15.4
	哈尔滨	195	3766	19.3		南昌	145	3371	23.2
	南京	416	6907	16.6		长沙	130	3173	24.4
	杭州	622	10776	17.3		海口	71	2426	34.2
	济南	195	3681	18.9		贵阳	183	2612	14.3
	郑州	260	4434	17.1		兰州	94	1084	11.5
	武汉	292	5793	19.8		西宁	63	982	15.6
	太原	149	2529	17.0		青岛	205	4087	19.9
	成都	337	5953	17.7		宁波	320	5729	17.9
	昆明	319	8658	27.1		银川	60	1076	17.9
	西安	232	5531	23.8	100万以下	拉萨	40	840	21.0

注：1. 数据来源于《全国交通运输统计资料汇编》（2010）、《中国城市建设统计年鉴》（2010）。
2. 人口规模指市区人口与市区暂住人口合计。

2010年全国城区人口平均每万人拥有公共汽电车线路长度为16.1公里，超过全国平均水平的有15个省（自治区、直辖市），从高到低分别为云南、青海、新疆、内蒙古、宁夏、浙江、西藏、天津、山东、山西、海南、江苏、江西、广东、福建。见图3-9、表3-8。

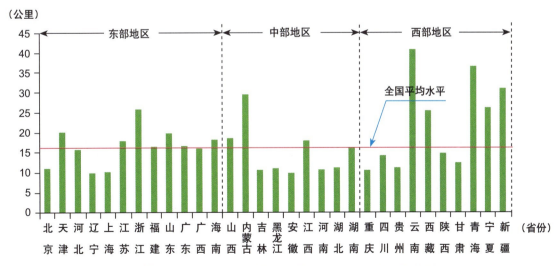

图3-9　2010年全国城区人口万人拥有公交线路长度情况

1- 数据来源于《全国交通运输统计资料汇编》（2010）、《中国城市建设统计年鉴》（2010）；2- 城区人口含城区暂住人口

2010年全国城区人口万人拥有公交线路长度情况

表 3-8

东部地区	线路总长度（公里）	万人拥有长度（公里）	中部地区	线路总长度（公里）	万人拥有长度（公里）	西部地区	线路总长度（公里）	万人拥有长度（公里）
北京	18743	11.1	山西	17837	18.4	重庆	11183	10.6
天津	12322	20.0	内蒙古	24572	29.3	四川	22432	14.2
河北	23901	15.6	吉林	11176	10.5	贵州	6056	11.2
辽宁	21163	10.0	黑龙江	14913	11.0	云南	35560	48.6
上海	23130	10.0	安徽	12242	9.8	西藏	1134	25.2
江苏	44941	17.8	江西	14619	17.8	陕西	11638	14.8
浙江	47074	25.9	河南	22994	10.8	甘肃	6765	12.5
福建	16352	16.4	湖北	19592	11.2	青海	4340	36.5
山东	53992	19.8	湖南	19377	15.7	宁夏	5861	26.2
广东	72531	16.5				新疆	19464	30.9
广西	13627	16.1						
海南	4159	18.2						

注：1. 数据来源于《全国交通运输统计资料汇编》（2010）、《中国城市建设统计年鉴》（2010）。
2. 城区人口含城区暂住人口。

2010年全国36个中心城市中，有8个城市城区人口万人拥有的公交线路长度高于全国平均值，从高到低依次是宁波、杭州、昆明、海口、拉萨、天津、深圳、西安。见图3-10、表3-9。

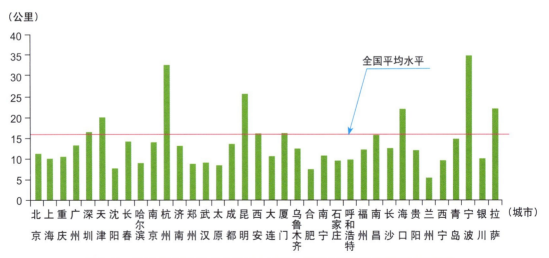

图 3-10 2010年全国36个中心城市城区人口万人拥有公交线路长度情况

1- 数据来源于《全国交通运输统计资料汇编》（2010）、《中国城市建设统计年鉴》（2010）；2- 城区人口含城区暂住人口

2010年全国36个中心城市城区人口万人拥有公交线路长度情况

表 3-9

人口规模	城市	线路总长度（公里）	万人拥有长度（公里）	人口规模	城市	线路总长度（公里）	万人拥有长度（公里）
>1000万	北京	18743	11.1	300万~1000万	大连	3090	10.6
	上海	23130	10.0		厦门	4463	16.1
	重庆	11183	10.6		乌鲁木齐	3515	12.6
	广州	11547	13.3		合肥	1856	7.5
	深圳	16987	16.4		南宁	2336	10.7
300万~1000万	天津	12240	19.9	100万~300万	石家庄	2405	9.8
	沈阳	3718	7.8		呼和浩特	1556	9.9
	长春	4371	14.1		福州	2502	12.2
	哈尔滨	3766	9.0		南昌	3371	15.9
	南京	6907	14.0		长沙	3173	12.6
	杭州	10776	32.5		海口	2426	21.9
	济南	3681	13.1		贵阳	2612	12.0
	郑州	4434	8.9		兰州	1084	5.5
	武汉	5793	9.1		西宁	982	9.8
	太原	2529	8.4		青岛	4087	14.8
	成都	5953	13.7		宁波	5729	34.8
	昆明	8658	25.9		银川	1076	10.0
	西安	5531	16.2	100万以下	拉萨	840	21.9

注：1. 数据来源于《全国交通运输统计资料汇编》（2010）、《中国城市建设统计年鉴》（2010）。
   2. 城区人口含城区暂住人口。
   3. 人口规模指市区人口与市区暂住人口合计。

3.3 运营车辆

截至2010年年底，全国公共汽电车车辆总数为42.1万辆（折合45.8万标台），同比增长2.1%。其中，东部地区共有26.2万标台，占全国总量的57.5%；中部地区共有11.7万标台，占全国总量的25.6%；西部地区共有7.8万标台，占全国总量的16.9%。2010年全国各省（自治区、直辖市）拥有城市公共汽电车车辆数情况见表3-10。

2010年全国公共汽电车运营车辆数情况

表 3-10

地 区		公共汽电车数（辆）	标准运营车数（标台）	地 区		公共汽电车数（辆）	标准运营车数（标台）
全国		420520	458222	中部地区	黑龙江	15155	15583
东部地区	北京	21548	31728		安徽	11875	12325
	天津	7162	7966		江西	8014	8599
	河北	18405	17427		河南	18912	18972
	辽宁	20146	22735		湖北	17946	20069
	上海	17455	21587		湖南	15109	15841
	江苏	28687	32927	西部地区	重庆	7552	8145
	浙江	24352	26349		四川	18373	20821
	福建	11334	11916		贵州	4984	4891
	山东	31166	33403		云南	10627	10051
	广东	41514	45889		西藏	1051	934
	广西	8786	9265		陕西	10974	12203
	海南	2106	2075		甘肃	5455	5749
中部	山西	8086	8044		青海	3215	2996
	内蒙古	7769	7455		宁夏	2767	2780
	吉林	10876	10381		新疆	9119	9117

注：数据来源于《全国交通运输统计资料汇编》（2010）、《中国城市建设统计年鉴》（2010）。

截至2010年年底，全国城区人口万人拥有公共汽电车标台数为11.6标台，超过全国平均水平的共有14个省（自治区、直辖市），从高到低依次是青海、西藏、北京、陕西、浙江、新疆、云南、四川、江苏、天津、湖南、宁夏、山东、福建。见图3-11和表3-11。

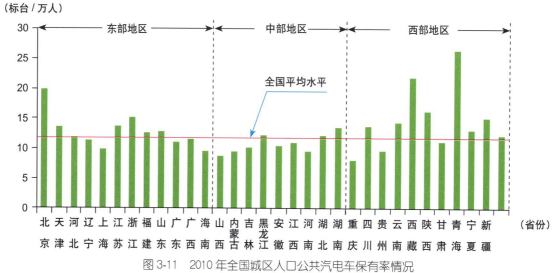

图 3-11 2010年全国城区人口公共汽电车保有率情况

1- 数据来源于《全国交通运输统计资料汇编》（2010）、《中国城市建设统计年鉴》（2010）；2- 城区人口含城区暂住人口

2010年全国城区人口公共汽电车保有率情况

表 3-11

东部地区	保有率（标台/万人）	中部地区	保有率（标台/万人）	西部地区	保有率（标台/万人）
北京	18.8	山西	8.3	重庆	7.7
天津	12.9	内蒙古	8.9	四川	13.1
河北	11.3	吉林	9.7	贵州	9.0
辽宁	10.8	黑龙江	11.5	云南	13.7
上海	9.4	安徽	9.9	西藏	20.8
江苏	13.0	江西	10.4	陕西	15.5
浙江	14.5	河南	8.9	甘肃	10.6
福建	11.9	湖北	11.5	青海	25.2
山东	12.2	湖南	12.8	宁夏	12.4
广东	10.4			新疆	14.5
广西	10.9				
海南	9.1				

注：1. 数据来源于《全国交通运输统计资料汇编》（2010）、《中国城市建设统计年鉴》（2010）。
2. 城区人口含城区暂住人口。

2010年全国36个中心城市中，超过全国城区人口公共汽电车保有率水平的有32个城市，排在前五位的是杭州、宁波、西宁、拉萨、成都。见图3-12、表3-12。

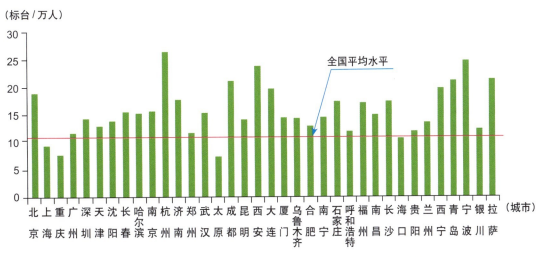

图 3-12　2010年全国36个中心城市城区人口公共汽电车保有率情况

1- 数据来源于《全国交通运输统计资料汇编》（2010）、《中国城市建设统计年鉴》（2010）；2- 城区人口含城区暂住人口

2010年全国36个中心城市城区人口公共汽电车保有率情况　　表 3-12

人口规模	城市	运营车辆标台数（标台）	保有率（标台/万人）	人口规模	城市	运营车辆标台数（标台）	保有率（标台/万人）
>1000万	北京	31728	18.8	300万~1000万	大连	5786	19.8
	上海	21587	9.4		厦门	3982	14.4
	重庆	8145	7.7		乌鲁木齐	3979	14.3
	广州	10085	11.6		合肥	3180	12.8
	深圳	14677	14.2		南宁	3169	14.5
300万~1000万	天津	7946	12.9	100万~300万	石家庄	4251	17.3
	沈阳	6586	13.8		呼和浩特	1872	11.9
	长春	4782	15.4		福州	3498	17.0
	哈尔滨	6351	15.2		南昌	3151	14.8
	南京	7669	15.5		长沙	4370	17.3
	杭州	8733	26.3		海口	1241	11.2
	济南	4966	17.6		贵阳	2592	11.9
	郑州	5833	11.7		兰州	2665	13.4
	武汉	9836	15.4		西宁	1975	19.7
	太原	2214	7.4		青岛	5817	21.1
	成都	9155	21.1		宁波	4042	24.6
	昆明	4713	14.1		银川	1321	12.2
	西安	8135	23.8	100万以下	拉萨	813	21.2

注：1. 数据来源于《全国交通运输统计资料汇编》（2010）、《中国城市建设统计年鉴》（2010）。
　　2. 城区人口含城区暂住人口。

1 车载设备

截至 2010 年年底，全国已安装车载卫星定位终端（GPS）的公共汽电车运营车辆为16.7 万辆，占全部运营车辆的 39.7%。安装率超过全国平均水平的省（自治区、直辖市）有 11 个，从高到低依次为重庆、江苏、浙江、上海、广西、广东、四川、山东、新疆、福建、贵州，见表3-13。

2010年全国安装车载卫星定位终端的公共汽电车数量情况　　表 3-13

东部地区	GPS 车辆（辆）	GPS 安装率（%）	中部地区	GPS 车辆（辆）	GPS 安装率（%）	西部地区	GPS 车辆（辆）	GPS 安装率（%）
北京	7267	33.7	山西	1802	22.3	重庆	5843	77.4
天津	977	13.6	内蒙古	852	11.0	四川	10139	55.2
河北	2985	16.2	吉林	1073	9.9	贵州	2341	47.0

续上表

东部地区	GPS车辆（辆）	GPS安装率（%）	中部地区	GPS车辆（辆）	GPS安装率（%）	西部地区	GPS车辆（辆）	GPS安装率（%）
辽宁	5193	25.8	黑龙江	3415	22.5	云南	2631	24.8
上海	10473	60.0	安徽	3360	28.3	西藏	—	—
江苏	18897	65.9	江西	2700	33.7	陕西	867	7.9
浙江	15264	62.7	河南	4553	24.1	甘肃	895	16.4
福建	5516	48.7	湖北	5821	32.4	青海	479	14.9
山东	16447	52.8	湖南	2488	16.5	宁夏	687	24.8
广东	23692	57.1				新疆	4718	51.7
广西	5055	57.5						
海南	672	31.9						

注：数据来源于《全国交通运输统计资料汇编》（2010）。

截至2010年年底，全国安装空调的公交车总数为16.5万辆，占全部运营车辆的39.1%，超过全国平均水平的省（自治区、直辖市）有10个，从高到低依次为上海、浙江、广东、海南、福建、北京、江苏、重庆、天津、湖北。2010年全国各省（自治区、直辖市）安装空调的公共汽电车数量情况见表3-14。

2010年全国安装空调的公共汽电车数量情况　　　　表3-14

东部地区	空调车（辆）	空调车比重（%）	中部地区	空调车（辆）	空调车比重（%）	西部地区	空调车（辆）	空调车比重（%）
北京	13355	62.0	山西	750	9.3	重庆	4276	56.6
天津	3426	47.8	内蒙古	695	8.9	四川	6782	36.9
河北	766	4.2	吉林	286	2.6	贵州	158	3.2
辽宁	1675	8.3	黑龙江	1257	8.3	云南	559	5.3
上海	16871	96.7	安徽	1779	15.0	西藏	—	—
江苏	16790	58.5	江西	1696	21.2	陕西	693	6.3
浙江	22483	92.3	河南	2554	13.5	甘肃	287	5.3
福建	9967	87.9	湖北	8206	45.7	青海	2	0.1
山东	3742	12.0	湖南	4140	27.4	宁夏	287	10.4
广东	37908	91.3				新疆	380	4.2
广西	846	9.6						
海南	1910	90.7						

注：数据来源于《全国交通运输统计资料汇编》（2010）。

表 3-15 描述了全国 36 个中心城市公共汽电车的 GPS 安装率和空调车占全部运营车辆的比例。可以看出，中心城市公交车 GPS 安装率和空调车比例整体高于全国平均水平。

2010 年全国 36 个中心城市公共汽电车的 GPS 安装率和空调车比例　　表 3-15

人口规模	城市	公共汽电车数（辆）	GPS 车辆数（辆）	GPS 安装率（%）	空调车数量（辆）	空调车比重（%）
>1000 万	北京	21548	7267	33.7	13355	62.0
	上海	17455	10473	60.0	16871	96.7
	重庆	7552	5843	77.4	4276	56.6
	广州	8405	6965	82.9	8281	98.5
	深圳	12456	5193	41.7	12274	98.5
300 万～1000 万	天津	7121	977	13.7	3426	48.1
	沈阳	5327	514	9.6	25	0.5
	长春	4433	331	7.5	131	3.0
	哈尔滨	5173	2999	58.0	349	6.7
	南京	6178	3330	53.9	3988	64.6
	杭州	7345	7309	99.5	6970	94.9
	济南	4060	2858	70.4	1010	24.9
	郑州	4826	3731	77.3	1617	33.5
	武汉	7460	1906	25.5	5330	71.4
	太原	1984	—	—	—	—
	成都	7298	6432	88.1	4430	60.7
	昆明	4312	1134	26.3	95	2.2
	西安	7107	74	1.0	415	5.8
	大连	4696	965	20.5	273	5.8
	厦门	3363	2829	84.1	3363	100.0
	乌鲁木齐	3634	2426	66.8	—	—
	合肥	2713	1932	71.2	479	17.7
	南宁	2601	2290	88.0	225	8.7
100 万～300 万	石家庄	3363	—	—	—	—
	呼和浩特	1577	—	—	—	—
	福州	3042	320	10.5	2837	93.3
	南昌	2490	1934	77.7	556	22.3
	长沙	3557	246	6.9	1012	28.5
	海口	1184	482	40.7	1179	99.6
	贵阳	2423	2155	88.9	127	5.2
	兰州	2151	—	—	—	—
	西宁	1932	—	—	—	—
	青岛	4664	2870	61.5	408	8.7
	宁波	3455	2874	83.2	3455	100.0
	银川	1196	—	—	224	18.7
100 万以下	拉萨	904	—	—	—	—

注：1. 数据来源于《全国交通运输统计资料汇编》（2010）。
　　2. 人口规模指市区人口与市区暂住人口合计。

2 燃料类型

按车辆燃料类型划分，目前我国公共汽电车运营车辆主要有汽油车、乙醇汽油车、柴油车、液化石油气（LPG）车、天然气（CNG）车和双燃料车等，其中汽油车 33917 辆，乙醇汽油车 13920 辆，柴油车 290271 辆，液化石油气车 7535 辆，天然气车 54867 辆，双燃料车 15076 辆。柴油车占车辆总数的 69.0%。2010 年我国公共汽电车按燃料类型划分情况见表 3-16、图 3-13。

2010 年我国公共汽电车按燃料类型划分情况　　　　　　　表 3-16

分类 数量	汽油车	乙醇汽油车	柴油车	液化石油气车	天然气车	双燃料车	无轨电车	纯电动客车	混合动力车	其他
车辆数（辆）	33917	13920	290271	7535	54867	15076	1967	957	1970	40
占总量比重（%）	8.1	3.3	69.0	1.8	13.0	3.6	0.5	0.2	0.5	0.0

注：数据来源于《全国交通运输统计资料汇编》（2010）。

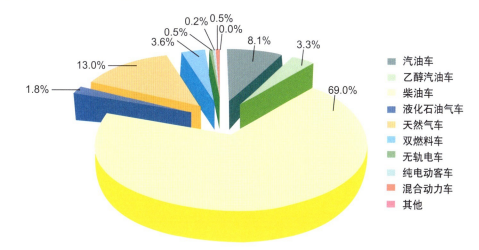

图 3-13　2010 年全国公共汽电车燃料类型比重

数据来源于《全国交通运输统计资料汇编》（2010）

截至 2010 年年底，我国公共汽电车运营车辆中新能源车辆❶总数为 2927 辆，占公交车辆总数的 0.70%。其中纯电动车 957 辆，混合动力车 1970 辆，分别占新能源车的 32.7% 和 67.3%。见表 3-17。

2010 年全国新能源公共汽电车数量情况　　　　　　　表 3-17

东部地区	车辆数（辆）	中部地区	车辆数（辆）	西部地区	车辆数（辆）
北京	150	山西	—	重庆	—
天津	—	内蒙古	—	四川	10
河北	—	吉林	17	贵州	—

---

❶ 新能源汽车包括混合动力汽车、纯电动汽车（BEV，包括太阳能汽车）、燃料电池电动汽车（FCEV）、氢发动机汽车、其他新能源（如高效储能器、二甲醚）汽车等各类别产品。

续上表

东部地区	车辆数（辆）	中部地区	车辆数（辆）	西部地区	车辆数（辆）
辽宁	20	黑龙江	—	云南	119
上海	140	安徽	30	西藏	—
江苏	44	江西	52	陕西	—
浙江	502	河南	31	甘肃	—
福建	—	湖北	296	青海	—
山东	216	湖南	779	宁夏	—
广东	507			新疆	6
广西	8				
海南	—				

注：数据来源于《全国交通运输统计资料汇编》（2010）。

3.4 运营主体

截至2010年年底，全国共有公共汽电车运营企业3275个，其中，国有及国有控股企业数为987个，其拥有的公共汽电车数量占全国总量的48.6%。截至2010年年底，全国公共汽电车从业人员共有121.4万人，平均每家公交企业拥有员工370人。企业人员规模居前三位的省（自治区、直辖市）依次为北京、重庆、上海，分别为46425人，3576人和1993人，见表3-18。

公共汽电车单位车辆配备的从业人数，即运营车辆人车比，2010年全国平均值为2.9人/辆，位于前5位的省（自治区、直辖市）依次是北京、上海、重庆、湖北、贵州，见图3-14、表3-19。

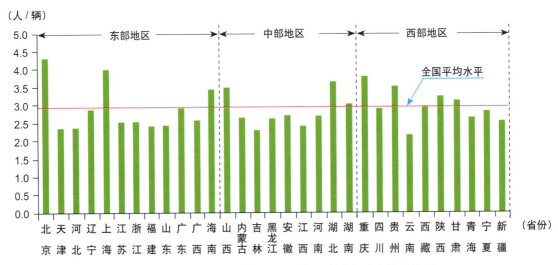

图3-14　2010年全国城市公共汽电车运营车辆人车比量情况

数据来源于《全国交通运输统计资料汇编》（2010）

2010年公共汽电车企业和人员情况

表 3-18

地区		经营企业个数			从业人员	地区		经营企业个数			从业人员
		合计	国有企业	国有控股企业	私营企业				合计	国有企业	国有控股企业	私营企业	
全国		3275	681	306	1875	1214219	中部地区	黑龙江	128	24	2	97	39634
东部地区	北京	2	1	1	—	92849		安徽	100	31	13	48	32146
	天津	18	15	—	2	16931		江西	111	28	10	72	19329
	河北	138	20	5	106	43498		河南	101	28	11	41	50843
	辽宁	100	37	14	45	57853		湖北	101	39	18	44	65371
	上海	35	—	23	—	69756		湖南	150	40	17	85	45628
	江苏	114	31	35	44	72839	西部地区	重庆	8	3	3	—	28609
	浙江	136	50	14	52	61758		四川	197	38	19	99	53099
	福建	80	48	16	14	27423		贵州	163	12	3	148	17487
	山东	179	63	16	88	75821		云南	125	30	15	66	22906
	广东	188	32	26	111	121739		西藏	11	3	—	8	3112
	广西	101	22	5	66	22629		陕西	104	17	10	74	35467
	海南	41	12	—	29	7232		甘肃	67	5	4	53	17080
中部地区	山西	111	6	6	63	28226		青海	27	10	3	14	8486
	内蒙古	272	7	2	146	20551		宁夏	38	4	1	32	7780
	吉林	225	11	6	156	24875		新疆	104	14	8	72	23262

注：数据来源于《全国交通运输统计资料汇编》（2010）。

2010年全国城市公共汽电车运营车辆人车比情况

表 3-19

东部地区	人车比（人/辆）	中部地区	人车比（人/辆）	西部地区	人车比（人/辆）
北京	4.3	山西	3.5	重庆	3.8
天津	2.4	内蒙古	2.6	四川	2.9
河北	2.4	吉林	2.3	贵州	3.5
辽宁	2.9	黑龙江	2.6	云南	2.2
上海	4.0	安徽	2.7	西藏	3.0
江苏	2.5	江西	2.4	陕西	3.2
浙江	2.5	河南	2.7	甘肃	3.1
福建	2.4	湖北	3.6	青海	2.6
山东	2.4	湖南	3.0	宁夏	2.8
广东	2.9			新疆	2.6
广西	2.6				
海南	3.4				

注：数据来源于《全国交通运输统计资料汇编》（2010）。

2010年全国36个中心城市中,公共汽电车运营车辆人车比高于全国平均水平2.9的有20个城市,其中武汉市居36个中心城市首位,运营车辆人车比为5.1;其次为太原,4.4;北京和兰州均为4.3;第三为上海,4.0人/辆,见图3-15、表3-20。

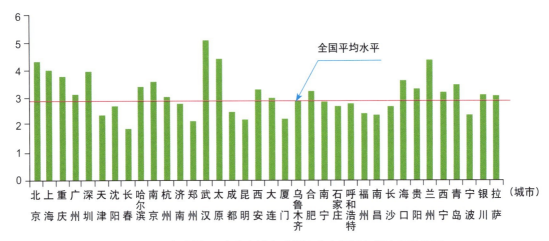

图3-15 2010年全国36个中心城市公共汽电车运营车辆人车比情况

数据来源于《全国交通运输统计资料汇编》(2010)

2010年全国36个中心城市公共汽电车运营车辆人车比情况　　　　表3-20

人口规模	城市	从业人员（人）	单车车辆从业人数（人）	人口规模	城市	从业人员（人）	单车车辆从业人数（人）
>1000万	北京	92849	4.3	300万~1000万	大连	13999	3.0
	上海	69756	4.0		厦门	7400	2.2
	重庆	28609	3.8		乌鲁木齐	10415	2.9
	广州	26070	3.1		合肥	8725	3.2
	深圳	49063	3.9		南宁	7366	2.8
300万~1000万	天津	16856	2.4	100万~300万	石家庄	9129	2.7
	沈阳	14452	2.7		呼和浩特	4365	2.8
	长春	8255	1.9		福州	7352	2.4
	哈尔滨	17470	3.4		南昌	5858	2.4
	南京	22033	3.6		长沙	9527	2.7
	杭州	21994	3.0		海口	4288	3.6
	济南	11219	2.8		贵阳	7978	3.3
	郑州	10437	2.2		兰州	9335	4.3
	武汉	37740	5.1		西宁	6148	3.2
	太原	8687	4.4		青岛	16116	3.5
	成都	18104	2.5		宁波	8162	2.4
	昆明	9459	2.2		银川	3690	3.1
	西安	23218	3.3	100万以下	拉萨	2770	3.1

注：1. 数据来源于《全国交通运输统计资料汇编》(2010)、《中国城市建设统计年鉴》(2010)。
　　2. 人口规模指市区人口与市区暂住人口合计。

3.5 运营指标

① 运营里程

2010年全国公共汽电车运营里程共计317.9亿公里,车均的运营里程为7.6万公里。12个省(自治区、直辖市)的车均运营里程超过全国平均值,从高到低依次为海南、新疆、广东、湖南、内蒙古、江西、湖北、贵州、黑龙江、安徽、广西、山东。车均运营里程最长的为海南省,为12.9万公里。2010年全国公共汽电车年运营里程情况见图3-16,全国公共汽电车车均运营里程情况见图3-17。

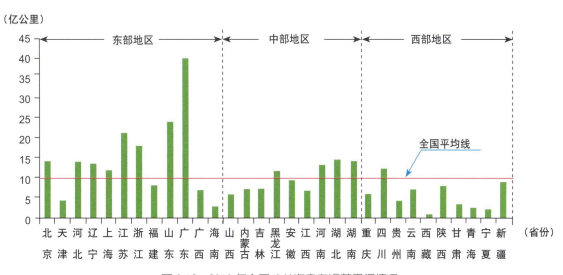

图3-16 2010年全国公共汽电车运营里程情况

数据来源于《全国交通运输统计资料汇编》(2010)

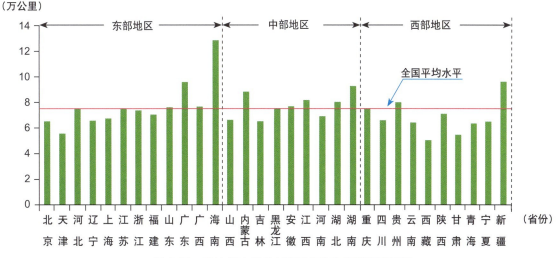

图3-17 2010年全国公共汽电车车均运营里程情况

数据来源于《全国交通运输统计资料汇编》(2010)

② 客运量

2010年全国公共汽电车客运总量为670.1亿人次,占城市客运总量的62.4%。公共汽电车客运量排在前10位的省（自治区、直辖市）从高到低依次为：广东、北京、辽宁、江苏、山东、浙江、四川、湖北、湖南、上海，见图3-18。

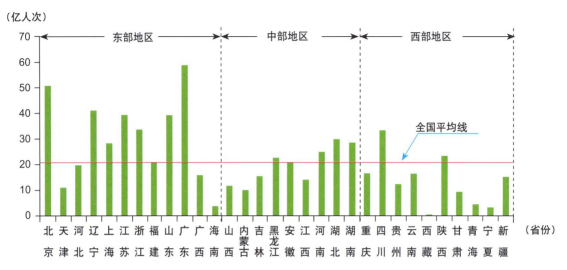

图3-18 2010年全国公共汽电车客运量情况

数据来源于《全国交通运输统计资料汇编》（2010）

2010年全国36个中心城市的公共汽电车客运量情况见表3-21。最多的为北京市，50.5亿人次；其次为上海市，28.1亿人次；第三为广州市，17.7亿人次；最少的为拉萨市，0.5亿人次。

2010年全国36个中心城市公共汽电车客运量情况　　表3-21

人口规模	城市	客运量（万人次）	人口规模	城市	客运量（万人次）	人口规模	城市	客运量（万人次）
>1000万	北京	505144	300万~1000万	郑州	83049	100万~300万	呼和浩特	44805
	上海	280758		武汉	153504		福州	59394
	重庆	161932		太原	42879		南昌	53918
	广州	177074		成都	121538		长沙	72222
	深圳	194246		昆明	90262		海口	23032
300万~1000万	天津	108581	100万~300万	西安	165387		贵阳	59551
	沈阳	119273		大连	103107		兰州	60907
	长春	64721		厦门	73526		西宁	38594
	哈尔滨	109078		乌鲁木齐	73490		青岛	85251
	南京	103691		合肥	60873		宁波	45507
	杭州	127825		南宁	63598		银川	18171
	济南	84872		石家庄	51266	100万以下	拉萨	4983

注：1. 数据来源于《全国交通运输统计资料汇编》（2010）。
　　2. 人口规模指市区人口与市区暂住人口合计。

2010年，全国城区人口年人均乘坐公共汽电车次数为169.8次，其中最高的为青海，377.9次；其次为北京，299.6次；第三为陕西，296.8次。全国城区人口年人均乘坐公共汽电车出行次数情况见图3-19，表3-22。

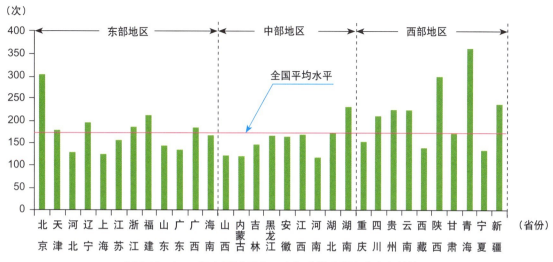

图 3-19 2010 年全国城区人口人均乘坐公共汽电车次数情况

数据来源于《全国交通运输统计资料汇编》(2010)、《中国城市建设统计年鉴》(2010)

2010 年全国城区人口年人均乘坐公共汽电车次数情况 表 3-22

东部地区	客运量（万人次）	年人均乘坐公共汽电车次数（次）	中部地区	客运量（万人次）	年人均乘坐公共汽电车次数（次）	西部地区	客运量（万人次）	年人均乘坐公共汽电车次数（次）
北京	505144	299.6	山西	116966	120.9	重庆	161932	152.8
天津	108810	176.8	内蒙古	100390	119.9	四川	332527	210.0
河北	195949	127.6	吉林	155161	145.2	贵州	120220	221.9
辽宁	409475	193.7	黑龙江	225288	166.1	云南	162328	221.6
上海	280758	122.0	安徽	201905	162.2	西藏	6279	139.7
江苏	391854	155.1	江西	137982	167.7	陕西	233784	296.8
浙江	334261	183.8	河南	246315	116.0	甘肃	92349	170.7
福建	208826	209.1	湖北	297957	170.5	青海	44912	377.9
山东	388766	142.6	湖南	284112	230.4	宁夏	29597	132.1
广东	584784	132.9				新疆	148685	235.7
广西	156061	184.2						
海南	37863	165.9						

注：1. 数据来源于《全国交通运输统计资料汇编》(2010)、《中国城市建设统计年鉴》(2010)。
　　2. 城区人口含城区暂住人口。

2010 年全国 36 个中心城市中，城区人口年人均乘坐公共汽电车次数超过全国平均水平的有 30 个城市，其中西安市最高，为 483.0 次，见图 3-20、表 3-23。

2010中国城市客运发展年度报告

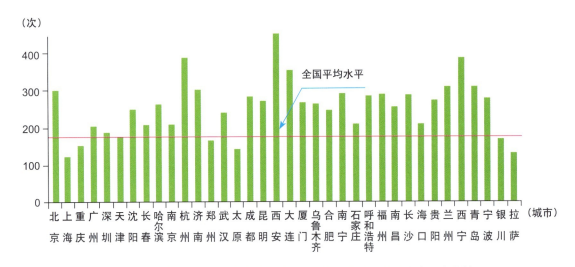

图 3-20　2010 年全国 36 个中心城市城区人口年人均乘坐公共汽电车次数情况

1- 数据来源于《全国交通运输统计资料汇编》（2010）、《中国城市建设统计年鉴》（2010）；2- 城区人口含城区暂住人口

2010 年全国 36 个中心城市城区人口年人均乘坐公共汽电车次数情况　　表 3-23

人口规模	城市	客运量（万人次）	年人均乘坐公共汽电车次数（次）	人口规模	城市	客运量（万人次）	年人均乘坐公共汽电车次数（次）
>1000 万	北京	505144	299.6	300 万～1000 万	大连	103107	352.5
	上海	280758	122.0		厦门	73526	265.5
	重庆	161932	152.8		乌鲁木齐	73490	263.2
	广州	177074	203.8		合肥	60873	245.9
	深圳	194246	187.5		南宁	63598	290.9
300 万～1000 万	天津	108581	176.5	100 万～300 万	石家庄	51266	209.0
	沈阳	119273	249.3		呼和浩特	44805	284.8
	长春	64721	208.7		福州	59394	289.5
	哈尔滨	109078	261.7		南昌	53918	253.8
	南京	103691	209.5		长沙	72222	285.9
	杭州	127825	385.1		海口	23032	208.3
	济南	84872	301.0		贵阳	59551	273.9
	郑州	83049	166.1		兰州	60907	306.8
	武汉	153504	240.0		西宁	38594	384.8
	太原	42879	142.6		青岛	85251	308.6
	成都	121538	280.1		宁波	45507	276.6
	昆明	90262	269.9		银川	18171	168.1
	西安	165387	483.0	100 万以下	拉萨	4983	130.1

注：1. 数据来源于《全国交通运输统计资料汇编》（2010）、《中国城市建设统计年鉴》（2010）。

2. 城区人口含城区暂住人口。

3. 人口规模指市区人口与市区暂住人口合计。

3 IC 卡使用

随着公共交通信息化的发展，公共汽电车 IC 卡逐步普及。2010 年全国城市公共汽电车 IC 卡的平均使用率为 35.2%，其中东部地区 IC 卡使用率 42.0%，中部地区为 25.9%，西部地区为 29.3%。全国 31 个省（自治区、直辖市）中，IC 卡使用率排在前三位的是北京、上海和青海，使用率分别达到 84.8%、72.8% 和 65.8%。2010 年全国公共汽电车客运量和 IC 卡使用情况见表 3-24、表 3-25、图 3-21。

2010 年全国东、中、西不同地区城市公共汽电车 IC 卡使用情况 表 3-24

	年客运量（亿人次）	IC 卡年客运量（亿人次）	IC 卡使用率（%）
东部地区	360.3	151.2	42.0
中部地区	176.6	45.7	25.9
西部地区	133.3	39.0	29.3

注：数据来源于《全国交通运输统计资料汇编》（2010）。

2010 年全国不同省份公共汽电车 IC 卡使用率情况 表 3-25

东部地区	IC 卡使用率（%）	中部地区	IC 卡使用率（%）	西部地区	IC 卡使用率（%）
北京	84.8	山西	28.4	重庆	41.9
天津	25.9	内蒙古	30.1	四川	13.9
河北	8.2	吉林	19.0	贵州	12.7
辽宁	32.1	黑龙江	25.3	云南	40.3
上海	72.8	安徽	29.6	西藏	3.8
江苏	41.2	江西	19.4	陕西	38.4
浙江	34.3	河南	30.0	甘肃	42.9
福建	28.1	湖北	34.9	青海	65.8
山东	25.5	湖南	14.9	宁夏	4.7
广东	41.5			新疆	23.2
广西	16.7				
海南	0.1				

注：数据来源于《全国交通运输统计资料汇编》（2010）。

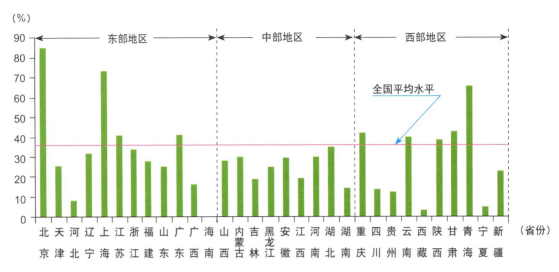

图 3-21　2010 年全国公共汽电车客运 IC 卡使用率情况

数据来源于《全国交通运输统计资料汇编》（2010）

2010 年全国 36 个中心城市，有 23 个城市的公共汽电车 IC 卡使用率超过全国平均水平，排在前 5 位的依次是北京、西宁、上海、杭州、南京，见表 3-26。

2010 年 36 个中心城市公共汽电车 IC 卡使用率情况　　　表 3-26

人口规模	城市	IC 卡使用率（%）	人口规模	城市	IC 卡使用率（%）	人口规模	城市	IC 卡使用率（%）
>1000 万	北京	84.8	300 万～1000 万	郑州	48.0	100 万～300 万	呼和浩特	59.9
	上海	72.8		武汉	50.2		福州	25.7
	重庆	41.9		太原	53.4		南昌	20.7
	广州	57.5		成都	4.4		长沙	36.9
	深圳	52.8		昆明	52.1		海口	—
300 万～1000 万	天津	25.9		西安	46.2		贵阳	22.5
	沈阳	48.1		大连	40.3		兰州	49.9
	长春	29.8		厦门	51.0		西宁	73.5
	哈尔滨	41.2		乌鲁木齐	35.8		青岛	45.0
	南京	60.5		合肥	35.7		宁波	0.5
	杭州	63.6		南宁	11.3		银川	6.4
	济南	15.2	100 万～300 万	石家庄	7.8	100 万以下	拉萨	4.8

注：1. 数据来源于《全国交通运输统计资料汇编》（2010）、《中国城市建设统计年鉴》（2010）。
　　2. 人口规模指市区人口与市区暂住人口合计。

第四章 城市轨道交通

4.1 规划建设

"十一五"期间,我国城市轨道交通快速发展,北京、上海、广州、深圳等城市将发展城市轨道交通作为改善城市居民出行环境的重要举措,其他大城市也相继加大规划和建设城市轨道交通的力度。城市轨道交通发展特点和作用主要如下:

一是城市轨道交通呈快速发展趋势。截至"十一五"末,我国内地共有北京、上海、广州、天津、深圳、南京、重庆、武汉、长春、大连、成都、沈阳12座城市开通了城市轨道交通线路,共有运营线路53条,总长度为1471.3公里,较2006年增长862.3公里,增长率为141.6%。成都、沈阳两个城市于2010年开通运营了地铁。预计到"十二五"末,全国将有超过20个城市开通运营城市轨道交通,运营线路总长度约3000公里。

二是城市轨道交通成为重要出行方式。随着我国城市化进程加快,城市规模的不断扩大,城市人口的大幅增加,城市居民出行总量显著增长,出行距离也越来越长,给城市交通带来了巨大压力。国际上一些大城市的经验表明,当城市发展到一定规模后,单纯依靠地面公共交通,难以满足大规模、长距离的居民出行需求,必须将城市轨道交通作为城市交通系统的主导和骨干。"十一五"期间,上海、广州、北京等国内特大城市加快发展城市轨道交通,使之成为城市公共交通的骨干力量,在居民出行服务中发挥了巨大作用。

三是城市轨道交通有效缓解城市交通拥堵。城市交通拥堵已成为我国大城市面临的普遍性难题。城市轨道交通以其大容量、快速、准时的优势,特别是不占用地面空间,有效缩短出行时间,显著提高出行效率,对缓解城市交通拥堵发挥了重要作用。当前,我国大城市都不同程度地存在城市交通拥堵问题,为缓解城市交通拥堵,各大城市都加快了城市轨道交通的发展速度。如北京市为缓解交通拥堵,调整了城市轨道交通建设规划,到2015年,北京城市轨道交通运营里程将达700多公里。

专栏4-1:北京市城市轨道交通发展情况

(一)"十一五"期发展情况

截至"十一五"末,北京市城市轨道交通线路长度达336公里,比"十五"末增长194.7%,"十一五"新增线路10条,新增运营线路222公里,城市轨道交通网络初步形成。北京市城市轨道交通年客运量由2005年的6.8亿人次,增长到2010年的18.5亿人次,增长171.6%。"十一五"期间,建成了3个城市轨道交通驻车换乘(P&R)停车场,共有1349个车位,对于鼓励小汽车出行者停车换乘城市轨道交通起到了积极作用。

(二)2010年运营建设情况

截至2010年年底,北京市共有城市轨道交通车辆2463辆,比2009年底增加449辆,增长22.3%;全年行驶里程21159万车公里,同比增加2668万车公里,增长14.4%。城市轨道交通2010年客运量18.5亿人次、客运周转量145.6亿人次公里,分别比2009年增加了29.7%和25.7%。北京市城市轨道交通高峰时最大满载率为144%。2010年12月30日,北京城市轨道交通亦庄线、大兴线、昌平线一期、房山线、15号线一期共5条线路开通试运营，一次开通里程达到108公里。

城市轨道交通建设方面，2010年北京市城市轨道交通在建工程以全面推进6号、8号、9号、10号线建设为重点，截至2010年底以上4条线路已全面开工。2010年年初开工的7号线、14号线建设工作正在按期实施。

（三）规划调整情况

《北京市城市快速城市轨道交通建设规划（2007～2015）》已于2007年获得批复，按照该规划，2015年，北京将建成"三环、四横、五纵、七放射"的19条线路，总长度561公里的城市轨道交通网络。但随着近年来北京经济社会水平的快速发展，北京市城市空间及人口规模急剧加大，小汽车增长势头强劲，交通需求与交通供给之间的矛盾日益突出，原有建设规划的规模难以支撑城市轨道交通在城市客运系统中的骨干地位，对北京市城区特别是中心城区的交通拥堵缓解作用有限。为此，北京市组织编制了《北京市城市轨道交通建设规划（2013～2020）》，以进一步适应北京市新的发展形势的要求。根据该规划研究成果，2020年北京市城市轨道交通建设方案新增建设规模416公里，新建项目14个，其中，中心城加密规模157公里，外围延伸259公里。2020年北京市城市轨道交通网络规模将达到1000公里。

针对北京市2015年规划和建设城市轨道交通网络存在的结构功能、网络规模、覆盖面和投资规模预期等方面问题，北京市开展了《北京市城市轨道交通建设调整规划（2011～2015）》研究，本次调整建设思路是"分流"、"加密"和"覆盖"，总体步骤先中心后外围，先骨干后辅助，先延伸既有项目后建设新项目。按照"加密中心线网、兼顾外围重点、稳妥有序发展"的建设思路，截至到2015年，在原有2015年建设规划的基础上新增5个建设项目，即M8三期、M16、海淀山后线、燕房线和新机场线，2015年北京市城市轨道交通网络规模将达到703公里。

截至2010年年底，全国共建成城市轨道交通车站977个，其中换乘车站78个。上海市城市轨道交通车站、换乘站数量最多，分别为275个和36个，占全国总数的28.1%和46.2%，见图4-1、表4-1。

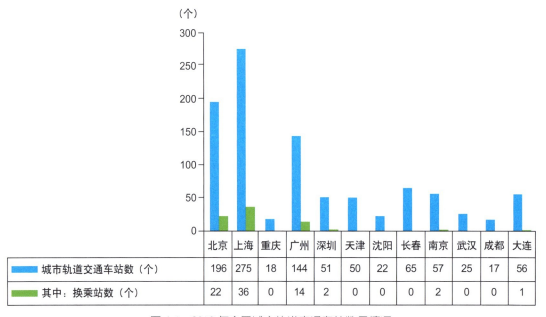

图4-1 2010年全国城市轨道交通车站数量情况

数据来源于《全国交通运输统计资料汇编》（2010）

2010 年我国城市轨道交通车站情况

表 4-1

城市	车站数（个）	其中：换乘站数（个）	城市	车站数（个）	其中：换乘站数（个）
全国	977	78	深圳	51	2
北京	196	22	南京	57	2
天津	50	—	长春	65	—
沈阳	22	—	武汉	25	—
大连	56	1	重庆	18	—
上海	275	36	成都	17	—
广州	144	14			

注：数据来源于《全国交通运输统计资料汇编》（2010）。

专栏 4-2：上海市城市轨道交通发展情况

（一）基本情况

2010 年，上海市城市轨道交通发展迅速，新开通城市轨道交通线路近 120 公里，成为本市城市轨道交通开通里程最多的一年。至 2010 年，上海市已开通运营 12 条城市轨道交通线路，运营线路长度 452.6 公里，运营车站 275 座，基本形成城市轨道交通网络化运营格局，为上海公共交通运营体系和功能的不断完善奠定了重要基础。

（二）运营服务

截至 2010 年年底，上海市城市轨道交通运营车辆数 2842 辆。2010 年，上海市城市轨道交通运营里程 4778 万列公里，总客运量约 18.8 亿人次，日均客运量已超过 500 万人次，是 2006 年日均客运量的接近 3 倍，工作日日均客运量超过 600 万人次。2010 年，上海市城市轨道交通客运量占城市公共交通客运量的 40.2%。2005 年至 2010 年，城市轨道交通、地面公交、出租汽车和轮渡等方式的分担率见图 4-2，其中城市轨道交通在城市客运中的分担率快速增长，由 2005 年的 13.1% 增加到 2010 年的 31.8%。

图 4-2　2005 ~ 2010 年上海市城市客运出行结构

随着上海市线路长度的快速增长，客流的平均运距逐步上升，城市轨道交通在提供中长距离出行服务方面，发挥着骨干作用。2010 年，城市轨道交通平均运距为 13.6 公里，较 2006 年增加 2.4 公里，增长幅度为 21.5%。2006 ~ 2010 年，上海市城市轨道交通平均运距情况见图 4-3。

2010 年 3 月，上海城市轨道交通首创高峰时段运营信息电视直播，直播早高峰线路运营情况，包括客流变化情况、线路拥挤情况、车站限流、出入口临时封闭等运营突发事件和应急处置情况，同时发布与城市轨道交通相关的便民信息，发布重大活动的运营方案。

2010年世博会期间，城市轨道交通在保障世博交通任务方面发挥了重大作用。其中，共有5条城市轨道交通线路、12个车站负责运送世博客流，客运量达5971万人次，占世博客流量的40.4%。2010年10月22日，上海城市轨道交通日客运量达到最高值，为754.8万人次。

图4-3 近5年上海市城市轨道交通平均运距

专栏4-3：深圳市城市轨道交通发展情况

"十五"期间：由国家发展改革委立项并批复，2001年深圳市正式开始建设城市轨道交通，首期共2条线路、22公里。于2004年12月28日开通试运营。

"十一五"期间：2005年3月和2008年10月，国家发改委分别批复了《深圳市城市轨道交通建设规划》和《深圳市城市轨道交通建设规划调整方案（2005-2011）》，第二期规划建设规模为5条线路、156公里，是第一期规划的7倍多。

远期规划：根据《深圳市城市轨道交通线网规划（2030）》，深圳市远期共规划城市轨道交通线路16条，约600公里，车站369座，换乘站62个。

4.2 运营主体

截至2010年年底，全国城市轨道交通运营企业共有21家，其中上海市为6家，分别为上海城市轨道交通运营管理中心、上海地铁第一运营公司、上海地铁第二运营公司、上海地铁第三运营公司、上海地铁第四运营公司和上海磁浮交通发展有限公司。深圳为3家，分别为深圳市地铁集团有限公司、港铁城市轨道交通（深圳）有限公司和深圳市地铁三号线投资有限公司。北京为2家，分别为北京市地铁运营有限公司和北京京港地铁有限公司。天津市为2家，分别为天津市地下铁道运营有限公司和天津滨海快速交通发展有限公司。广州、南京、长春、武汉、重庆、成都、沈阳和大连均为一家，分别为广州市地下铁道总公司、南京地铁运营分公司、长春市轨道交通集团有限公司、武汉地铁运营公司、重庆轨道交通（集团）有限公司、成都轨道交通有限公司、沈阳地铁集团有限公司、大连金马快轨运营公司。2010年全国城市轨道交通运营企业数量情况见图4-4。

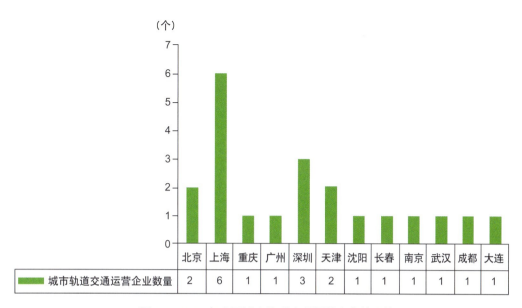

图 4-4 2010 年全国城市轨道交通运营企业数量情况

1- 数据来源于《全国交通运输统计资料汇编》（2010）；2- 不含有轨电车数据

截至 2010 年年底，全国城市轨道交通行业从业人员共计 10.1 万人。其中，上海市从业人员最多，为 4.0 万人，占全国总数的 39%；成都市从业人员最少，为 1196 人，占全国总数的 1%。在全国城市轨道交通行业从业人员中，大部分集中在已成网运营的省份，占全部比重的 82.7%。见表 4-2、图 4-5。

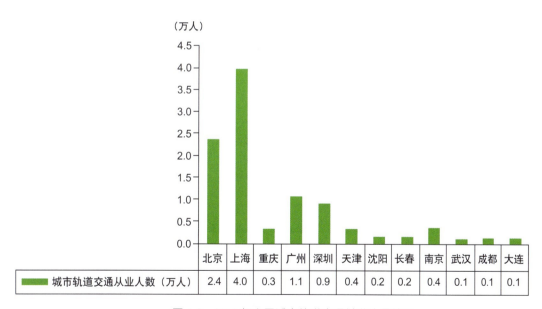

图 4-5 2010 年全国城市轨道交通从业人员情况

1- 数据来源于《全国交通运输统计资料汇编》（2010）；2- 含有轨电车数据

2010年全国城市轨道交通从业人员情况　　　　　　　　　　　　表 4-2

人口规模	城市	城市轨道交通从业人数（人）	城市轨道交通运营线路长度（公里）
>1000万	北京	23675	336.0
	上海	39785	452.6
	重庆	3414	17.4
	广州	10856	236.0
	深圳	9212	63.5
300万~1000万	天津	3545①	79.8①
	沈阳	1788	27.9
	长春	1753①	38.7①
	南京	3655	85.0
	武汉	1217	28.9
	成都	1196	18.5
	大连	1390①	87.0①

注：1. 数据来源于《全国交通运输统计资料汇编》（2010）、《中国城市建设统计年鉴》（2010）。
　　2. 人口规模指市区人口与市区暂住人口合计。
① 含有轨电车。

随着我国城市轨道交通的快速发展，城市轨道交通从业人员的需求量将不断增大。目前，我国城市轨道交通运营管理人员大约在7万人左右，按照每公里60人的配备标准估算，2020年城市轨道交通行业将需要约30万的运营管理人员。

4.3 运营线路

截至2010年年底，全国共有城市轨道交通运营线路53条，运营线路总长度为1471.3公里。其中地铁运营线路42条，总长度1217.0公里，占全国城市轨道交通运营线路总长度的82.7%；轻轨运营线路5条，总长度168.6公里；单轨运营线路1条，长度17.4公里；有轨电车运营线路4条，总长度39.2公里；磁悬浮运营线路1条，长度29.1公里。其中，上海、北京和广州城市轨道交通运营线路条数分别为12条、14条和8条，长度452.6公里、336.0公里和236.0公里。具体情况见图4-6、图4-7、图4-8和表4-3、表4-4。

此外，随着城市轨道交通建设的逐步推进，城市轨道交通线路日益增加，我国城市轨道交通运营已经向网络化运营时代迈进。

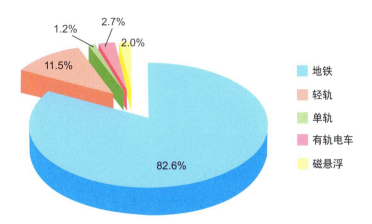

图 4-6 2010 年全国各类城市轨道交通运营线路长度比重

数据来源于《全国交通运输统计资料汇编》（2010）

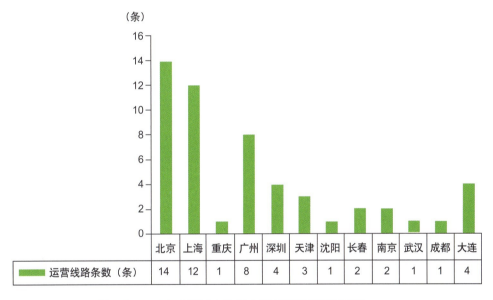

图 4-7 2010 年全国城市轨道交通运营线路条数情况

数据来源于《全国交通运输统计资料汇编》（2010）

2010 年全国城市轨道交通运营线路条数情况　　　　　　　　　　　　　表 4-3

城　市	运营线路条数（条）					
	合计	地铁	轻轨	单轨	有轨电车	磁悬浮
全国	53	42	5	1	4	1
北京	14	14	—	—	—	—
天津	3	1	1	—	1	—
沈阳	1	1	—	—	—	—

续上表

城市	运营线路条数（条）					
	合计	地铁	轻轨	单轨	有轨电车	磁悬浮
大连	4	—	2	—	2	—
上海	12	11	—	—	—	1
广州	8	8	—	—	—	—
深圳	4	4	—	—	—	—
南京	2	2	—	—	—	—
长春	2	—	1	—	1	—
武汉	1	—	1	—	—	—
重庆	1	—	—	1	—	—
成都	1	1	—	—	—	—

注：数据来源于《全国交通运输统计资料汇编》（2010）。

专栏 4-4：重庆跨座式单轨系统

重庆市城市轨道交通 2 号线采用高架跨座式单轨交通系统，是重庆市城市基础设施重大项目，也是国家支持的利用日本政府贷款项目和国债项目。设 18 座车站（地下 3 座），车辆段一座，控制中心一座，主变电站两座，有 21 组列车，4 节编组。全线工程总投资 43 亿元。2000 年 12 月开工；2005 年 6 月 18 日，较场口至动物园段 13 个车站通车试运营；2006 年 6 月 28 日，全线 18 个车站通车试运营。

重庆城市轨道交通 2 号线根据重庆山高坡陡道路曲折的地形特点，线路采用的高架跨座式单轨交通系统，是我国第一次引进的中运量胶轮轻轨系统，转弯半径小（150 米），爬坡能力强（6%）；采用橡胶轮胎，车辆运行噪音极低，在 70 分贝以下。

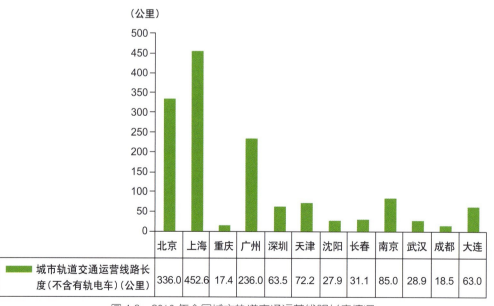

图 4-8　2010 年全国城市轨道交通运营线路长度情况

1- 数据来源于《全国交通运输统计资料汇编》（2010）；2- 不含有轨电车数据

2010 年全国城市轨道交通运营线路长度情况

表 4-4

城市	运营线路总长度（公里）					
	合计	地铁	轻轨	单轨	有轨电车	磁悬浮
全国	1471.3	1217.0	168.6	17.4	39.2	29.1
北京	336.0	336.0	—	—	—	—
天津	79.8	26.6	45.6	—	7.6	—
沈阳	27.9	27.9	—	—	—	—
大连	87.0	63.0	—	—	24.0	—
上海	452.6	423.5	—	—	—	29.1
广州	236.0	236.0	—	—	—	—
深圳	63.5	63.5	—	—	—	—
南京	85.0	85.0	—	—	—	—
长春	38.7	—	31.1	—	7.6	—
武汉	28.9	—	28.9	—	—	—
重庆	17.4	—	—	17.4	—	—
成都	18.5	18.5	—	—	—	—

注：数据来源于《全国交通运输统计资料汇编》（2010）。

2010 年 12 个开通城市轨道交通的城市，百万人拥有的城市轨道交通运营线路长度情况见图 4-9、表 4-5，其中位于前列的城市分别为大连、广州、北京和上海等。

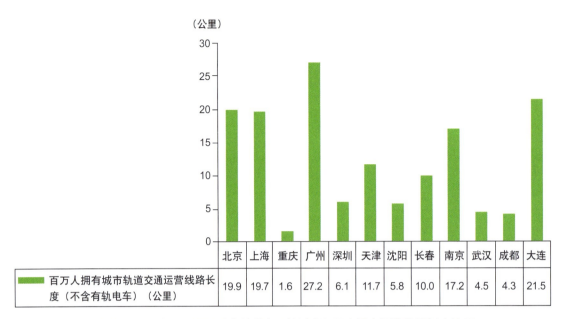

图 4-9 2010 年全国开通城市轨道交通的城市百万人拥有运营线路长度情况

1- 数据来源于《全国交通运输统计资料汇编》(2010)、《中国城市建设统计年鉴》(2010);2- 城区人口含城区暂住人口

2010 年全国开通城市轨道交通的城市百万人拥有的运营线路长度情况　　　　表 4-5

市区人口规模	城市	运营线路长度轨道交通（不含有轨电车）（公里）	城区人口（万人）	百万人拥有城市轨道交通运营线路长度（不含有轨电车）（公里）
>1000 万	北京	336.0	1685.9	19.9
	上海	452.6	2301.9	19.7
	重庆	17.4	1059.7	1.6
	广州	236.0	869.1	27.2
	深圳	63.5	1035.8	6.1
300 万～1000 万	天津	72.2	615.3	11.7
	沈阳	27.9	478.5	5.8
	长春	31.1	310.2	10.0
	南京	85.0	494.9	17.2
	武汉	28.9	639.7	4.5
	成都	18.5	433.9	4.3
	大连	63.0	292.5	21.5

注:1. 数据来源于《全国交通运输统计资料汇编》(2010)、《中国城市建设统计年鉴》(2010)。

2. 城区人口含城区暂住人口。

3. 人口规模指市区人口与市区暂住人口合计。

4.4 运营车辆

截至 2010 年年底，全国城市轨道交通运营车辆共 8285 辆。其中地铁运营车辆 7437 辆，轻轨运营车辆 601 辆，有轨电车运营车辆 125 辆，磁悬浮运营车辆 14 辆，日均编组 1695 列。城市轨道交通运营车辆数量位居前三位的依次为上海、北京和广州，三个城市合计占全国总量的 77.4%。2010 年全国城市轨道交通运营车辆情况见表 4-6。

2010 年全国城市轨道交通运营车辆情况　　　　表 4-6

城市	运营车数（辆）						标准运营车数（标台）	编组列数（列）
	合计	地铁	轻轨	单轨	有轨电车	磁悬浮		
全国	8285	7437	601	108	125	14	21165	1695
北京	2463	2463	—	—	—	—	7058	446
天津	292	116	152	—	24	—	692	46
沈阳	138	138	—	—	—	—	345	23
大连	216	—	144	—	72	—	480	108
上海	2842	2828	—	—	—	14	7105	445
广州	1106	1106	—	—	—	—	2765	203
深圳	318	318	—	—	—	—	795	53
南京	366	366	—	—	—	—	915	6
长春	218	—	189	—	29	—	281	332
武汉	116	—	116	—	—	—	290	29
重庆	108	—	—	108	—	—	184	4
成都	102	102	—	—	—	—	255	—

注：数据来源于《全国交通运输统计资料汇编》（2010）。

4.5 运营指标

截止 2010 年年底，全国城市轨道交通运营里程 1.4 亿列公里，客运量 55.7 亿人次，旅客周转量 439.8 亿人公里。北京、上海、广州 3 个城市的城市轨道交通网络基本形成，网络化效应凸显，在居民出行服务上发挥了巨大作用，3 个城市的最高日客流量均已突破 600 万人次。见表 4-7、图 4-10。

2010 年全国城市轨道交通运营指标情况   表 4-7

城市	运营里程（万列公里）	客运量（亿人次）	旅客周转量（万人公里）	城市	运营里程（万列公里）	客运量（亿人次）	旅客周转量（万人公里）
全国	13929	556777	4397602	深圳	300	16271	114159
北京	3594	184645	1455582	南京	613	21459	159216
天津	535	6568	107845	长春	436	3636	34314
沈阳	42	1243	10402	武汉	187	3300	21412
大连	624	7384	83724	重庆	183	4576	28622
上海	4778	188407	1626865	成都	36	1187	—
广州	2602	118102	755460				

注：数据来源于《全国交通运输统计资料汇编》（2010）。

2010 年，全国开通城市轨道交通的城市中，城市轨道交通客运量占公共交通总客运量的比重位列前三位的分别是上海 40.2%、广州 40.0%、北京 26.8%，见图 4-10。

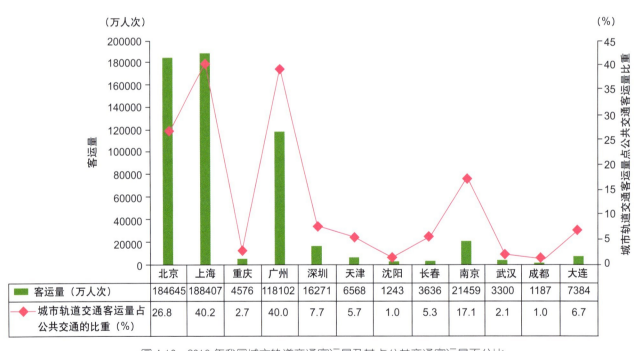

图 4-10 2010 年我国城市轨道交通客运量及其占公共交通客运量百分比
数据来源于《全国交通运输统计资料汇编》（2010）

2010 年全国开通城市轨道交通的城市中，全国城区人口年人均乘坐城市轨道交通次数位列前三位的分别是广州 135.9 次、北京 109.5 次和上海 81.8 次，见图 4-11。

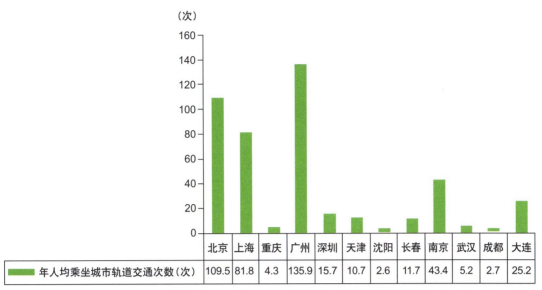

图 4-11　2010 年全国城市城区人口人均乘坐城市轨道交通次数情况

1- 数据来源于《全国交通运输统计资料汇编》（2010）、《中国城市建设统计年鉴》（2010）；2- 城区人口含城区暂住人口

专栏 4-5：广州市城市轨道交通发展情况

"十一五"是广州市城市轨道交通快速发展时期，城市轨道交通在公共交通中的骨干作用越来越突出。与"十五"末期相比，广州城市轨道交通线路长度增加 182 公里，运营网络已基本形成。

（一）发展基本情况

"十一五"期间，广州城市轨道交通年客运量由"十五"末期的 2.1 亿增加到 11.8 亿，增长了 4.5 倍；城市轨道交通运营里程由 54 公里增长到 236 公里，增长了 3.4 倍；2010 年，广州城市轨道交通日均客流量已突破 300 万人次，是"十五"期末的 5.8 倍。广州市城市轨道交通约占城市公共交通客运量的 40%，逐渐从公共交通的新兴力量成长为骨干力量，带动了广州市公共交通结构的转变，见图 4-12。

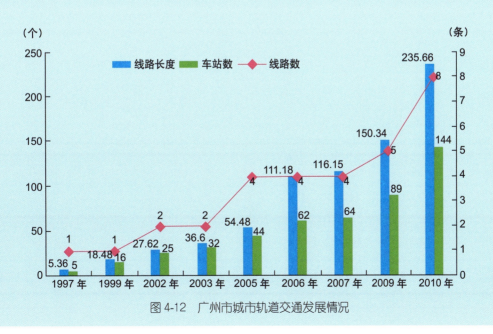

图 4-12　广州市城市轨道交通发展情况

（二）服务亚运出行

广州市为迎接第16届亚运会，2010年开通了6条城市轨道交通线路，线路长度85.32公里，55座车站，形成了8条线路、236公里、144座车站的城市轨道交通网络。

亚运会期间，广州市城市轨道交通日均开行列车4200次，赛事期间承担了进出奥体中心赛区观众数量的50%以上，闭幕式期间承运了约27%的散场观众，为亚运观众出行提供了可靠的保障。

第五章 出租汽车

5.1 运营车辆

截至2010年年底，全国共有出租汽车122.6万辆，其中2010年新增出租汽车为4.4万辆，报废更新出租汽车为14.2万辆。2010年全国出租汽车运营车辆比2009年增长2.7%，比2006年增长32.0%，"十一五"期间年均增长5.5%。2010年全国出租汽车运营车辆数量情况见图5-1、表5-1。

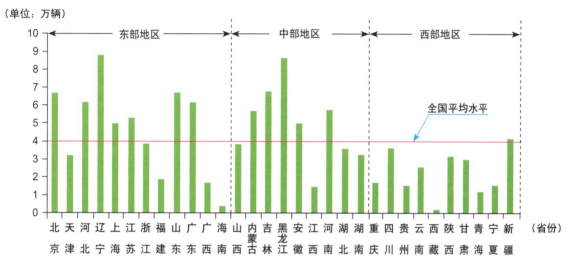

图5-1 2010年全国出租汽车运营车辆数量情况

数据来源：《全国交通运输统计资料汇编》（2010）

2010年全国出租汽车运营车辆情况　　　　表5-1

东部地区	运营车辆数（辆）	中部地区	运营车辆数（辆）	西部地区	运营车辆数（辆）
北京	66646	山西	38773	重庆	17098
天津	31940	内蒙古	56704	四川	36067
河北	61629	吉林	67761	贵州	15087
辽宁	88199	黑龙江	86304	云南	25963
上海	50007	安徽	50068	西藏	2001
江苏	52957	江西	14642	陕西	31740
浙江	38865	河南	57394	甘肃	29805

续上表

东部地区	运营车辆数（辆）	中部地区	运营车辆数（辆）	西部地区	运营车辆数（辆）
福建	18684	湖北	35707	青海	11916
山东	67018	湖南	32665	宁夏	15673
广东	61790			新疆	41836
广西	16685				
海南	4116				

注：数据来源于《全国交通运输统计资料汇编》（2010）。

按车辆燃料类型分，全国出租汽车运营车辆主要分为汽油车、乙醇汽油车、柴油车、液化石油气（LPG）车、天然气（CNG）车、双燃料车、纯电动和其他车型。其中汽油车 64.3 万辆，乙醇汽油车 21.3 万辆，柴油车 8.8 万辆，液化石油气车 3.1 万辆，天然气车 9.0 万辆，双燃料车 16.1 万辆，纯电动车 50 辆，分别占车辆总数的 52.5%、17.4%、7.2%、2.5%、7.4%、13.0% 等，传统的汽油车依然占据绝对优势。2010 年全国出租汽车按燃料类型划分情况见表 5-2、图 5-2。

2010 年我国出租汽车按燃料类型划分情况　　　　　表 5-2

分类 数量	汽油车	乙醇汽油车	柴油车	液化石油气车	天然气车	双燃料车	纯电动车	其他
车辆数（辆）	643228	212711	88020	30657	90107	160835	50	132
占总量比重（%）	52.5	17.4	7.2	2.5	7.4	13.0	0.0	0.0

注：数据来源于《全国交通运输统计资料汇编》（2010）。

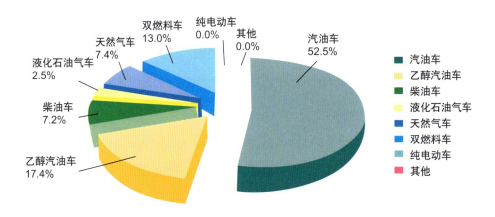

图 5-2　2010 年我国出租汽车按照燃料类型划分比重情况

数据来源于《全国交通运输统计资料汇编》（2010）

5.2 运营主体

1 企业概况

截至 2010 年年底，全国出租汽车企业共计 8793 家。其中车辆数在 300 辆以上的企业数 679 个，占全部企业数的 7.7%；车辆数在 50 辆（含）以下的企业数为 3528 个，占 40.1%，见图 5-3。2010 年全国出租汽车企业规模所占比重见表 5-3。

2010 年全国出租汽车企业车辆规模所占比重　　表 5-3

类型	300 辆（不含）以上的企业数	100～300 辆（含）的企业数	50～100 辆（含）的企业数	50 辆（含）以下的企业数
企业数量（个）	679	2391	2195	3528
所占比重（%）	7.7	27.2	25.0	40.1

注：数据来源于《全国交通运输统计资料汇编》（2010）。

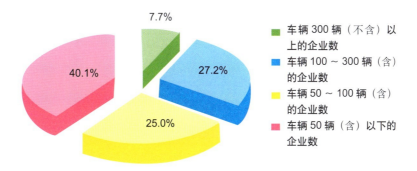

图 5-3　2010 年全国出租汽车企业车辆规模情况

数据来源于《全国交通运输统计资料汇编》（2010）

2 从业人员

截至 2010 年年底，全国出租汽车行业从业人员达 235.7 万人。各省（自治区、直辖市）出租汽车行业平均从业人员为 7.6 万人，从业人数最多的为辽宁省，达 19.1 万人；其次为黑龙江省，13.7 万人；第三为广东省，13.4 万人。2010 年全国出租汽车从业人员情况见表 5-4。

2010 年全国出租汽车从业人员情况　　表 5-4

东部地区	出租汽车从业人员（万人）	中部地区	出租汽车从业人员（万人）	西部地区	出租汽车从业人员（万人）
北京	9.6	山西	6.7	重庆	4.8
天津	3.7	内蒙古	10.1	四川	8.7
河北	9.4	吉林	11.4	贵州	3.9
辽宁	19.1	黑龙江	13.7	云南	4.9
上海	12.5	安徽	9.3	西藏	0.4

续上表

东部地区	出租汽车从业人员（万人）	中部地区	出租汽车从业人员（万人）	西部地区	出租汽车从业人员（万人）
江苏	10.5	江西	3.2	陕西	7.2
浙江	9.4	河南	10.8	甘肃	4.5
福建	4.2	湖北	7.9	青海	2.0
山东	11.5	湖南	7.4	宁夏	2.5
广东	13.4			新疆	8.5
广西	3.5				
海南	0.9				

注：数据来源于《全国交通运输统计资料汇编》（2010）。

5.3 运营指标

1 运营里程

2010年全国出租汽车运营总里程为1488.9亿公里，平均每辆出租汽车年运营里程为12.1万公里，其中西藏自治区每辆车平均年运营里程最高，为18.5万公里。2010年全国出租汽车车均年运营里程情况见图5-4。

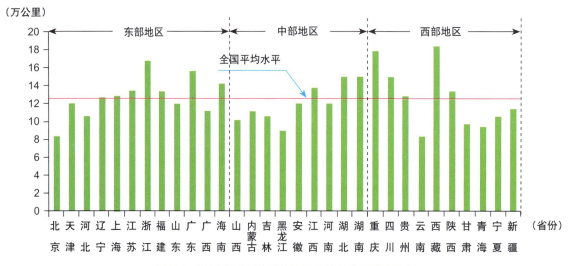

图5-4　2010年全国出租汽车车均年运营里程情况

数据来源于《全国交通运输统计资料汇编》（2010）

2 客运量

2010年全国出租汽车共完成客运量346.3亿人次，占城市客运总量的32.2%。出租汽车客运量排在前

10 位的省（自治区、直辖市）从高到低依次为：黑龙江、吉林、辽宁、广东、湖南、安徽、山东、河南、浙江、江苏，见表 5-5。

2010 年全国出租汽车客运量情况　　　　　　表 5-5

东部地区	客运量（万人次）	年人均使用出租汽车的次数（次）	中部地区	客运量（万人次）	年人均使用出租汽车的次数（次）	西部地区	客运量（万人次）	年人均使用出租汽车的次数（次）
北京	69000	40.9	山西	100237	103.6	重庆	75110	70.9
天津	34600	56.2	内蒙古	113616	135.6	四川	138182	87.3
河北	119133	77.6	吉林	220115	205.9	贵州	79255	146.3
辽宁	209519	99.1	黑龙江	273674	201.7	云南	78179	106.7
上海	114499	49.7	安徽	163188	131.1	西藏	12766	283.9
江苏	149612	59.2	江西	55264	67.2	陕西	105994	134.6
浙江	149877	82.4	河南	150587	70.9	甘肃	79573	147.1
福建	62504	62.6	湖北	126396	72.3	青海	24684	207.7
山东	159710	58.6	湖南	166285	134.8	宁夏	50571	225.7
广东	188680	42.9				新疆	139339	220.9
广西	43020	50.8						
海南	9617	42.1						

注：1. 数据来源于《全国交通运输统计资料汇编》（2010）、《中国城市建设统计年鉴》（2010）。
　　2. 城区人口含城区暂住人口。

2010 年，全国城区人口年人均乘坐出租汽车的次数为 87.7 次，各省（自治区、直辖市）年人均乘坐出租汽车的次数见图 5-5，其中西藏、宁夏、新疆、青海、吉林和黑龙江等 6 个省（自治区）的年人均乘坐出租汽车次数较高，均在 200 次以上；北京、海南、广东、上海等 4 个省（直辖市）的年人均乘坐出租汽车次数较低，均在 50 次以下。从整体来看，东部地区普遍比西部地区低。年人均乘坐出租汽车次数与该地区公共交通发展水平有关，也与出租汽车的发展定位有关。

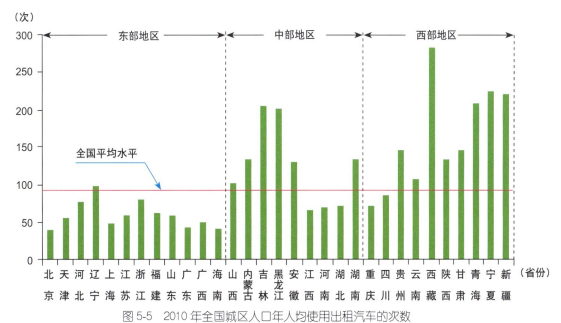

图 5-5　2010 年全国城区人口年人均使用出租汽车的次数

1- 数据来源于《全国交通运输统计资料汇编》（2010）、《中国城市建设统计年鉴》（2010）；2- 城区人口含城区暂住人口

2010年全国36个中心城市中有14个城市的城区人口年人均乘坐出租汽车次数超过全国平均水平，从高到低依次为长春、拉萨、银川、西宁、合肥、长沙、西安、兰州、哈尔滨、杭州、青岛、沈阳、太原、大连，见图5-6、表5-6。

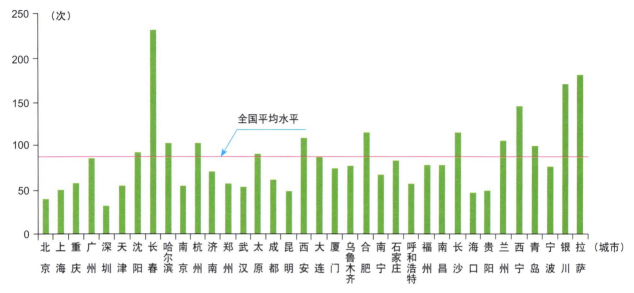

图5-6　2010年我国36个中心城市城区人口年人均乘坐出租汽车次数

1- 数据来源于《全国交通运输统计资料汇编》（2010）、《中国城市建设统计年鉴》（2010）；2- 城区人口含城区暂住人口

2010年我国36个中心城市城区人口年人均乘坐出租汽车次数　　　表5-6

人口规模	城市	年人均乘坐出租汽车次数（次）	人口规模	城市	年人均乘坐出租汽车次数（次）	人口规模	城市	年人均乘坐出租汽车次数（次）
>1000万	北京	40.9		郑州	58.6		呼和浩特	57.3
	上海	49.7		武汉	54.9		福州	78.0
	重庆	57.9		太原	92.1		南昌	78.4
	广州	86.6		成都	62.9		长沙	115.1
	深圳	32.6		昆明	48.7		海口	47.5
300万~1000万	天津	56.2	300万~1000万	西安	108.7	100万~300万	贵阳	49.6
	沈阳	93.5		大连	87.9		兰州	105.8
	长春	232.5		厦门	74.5		西宁	144.7
	哈尔滨	103.7		乌鲁木齐	77.8		青岛	100.0
	南京	55.3		合肥	115.3		宁波	76.9
	杭州	103.4		南宁	67.2		银川	169.8
	济南	70.9	100万~300万	石家庄	83.1	100万以下	拉萨	180.6

注：1. 数据来源于《全国交通运输统计资料汇编》（2010）、《中国城市建设统计年鉴》（2010）。

2. 人口规模指市区人口与市区暂住人口合计。

3 里程利用率

2010年全国出租汽车运营里程为1488.9亿公里，载客里程1035.2亿公里，里程利用率达到69.5%，其中贵州省的出租汽车里程利用率最高为86.3%；其次为吉林省，里程利用率为79.2%；第三为宁夏回族自治区，里程利用率为74.8%；见图5-7。

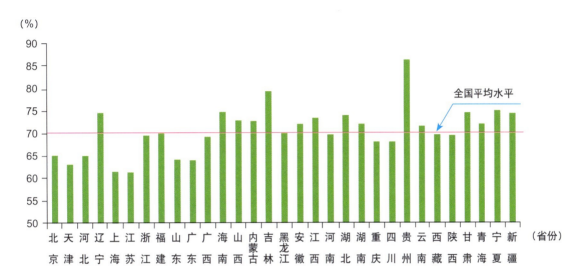

图5-7 2010年全国城市出租汽车利用里程率情况

数据来源于《全国交通运输统计资料汇编》（2010）

专题篇
Zhuanti Pian

第六章 城市交通拥堵治理

6.1 现状

自 20 世纪初小汽车大规模生产之日起,现代城市的机动化发展已走过百年历程。这期间,随着小汽车进入家庭,国际大城市的交通拥堵问题不断显现,纽约、伦敦、巴黎、东京和首尔先后于上世纪四十年代、六十年代、七十年代和九十年代经历了严重的交通拥堵,虽然此后拥堵有所缓解,但至今仍难以真正摆脱交通拥堵的困扰。

中国城市的机动化进程在短短几年间走过了发达国家城市几十年、甚至近百年的路程,机动化快速增长、城市交通基础设施发展滞后,导致交通拥堵在中国的大城市乃至中小城市迅速蔓延,并且愈演愈烈。拥堵时段增长、拥堵路段增加,部分城市上下班高峰期主干道平均车速已经低于 15 公里/小时,超过了国际公认的大城市交通拥堵警戒线 20 公里/小时。日益严重的交通拥堵直接影响了城市经济社会的健康发展和城市的总体竞争力,引起了各级政府的高度重视,成为社会广泛关注的焦点。

我国城市交通拥堵问题产生的原因是多方面的,其中突出表现在以下方面:一是发展规划方面。我国大多数城市经过长期的历史积淀,普遍形成了城市功能过度集中、土地连绵开发成片的单中心城市形态和土地利用结构。这种结构导致城市中心区人口、经济、建筑总量和交通强度不断攀升,交通出行的刚性需求迅速增长,成为城市交通拥堵产生的根本原因之一。造成这种现象的原因在于城市规划过程中对居民出行特征的深入分析不足,导致部分城市潮汐交通、单向不均匀性大大增加。同时,由于居住地与就业、上学、就医、娱乐等主要出行场所之间缺乏有效的整合,导致居民出行距离增加,对机动化出行方式的依赖日益增长。二是基础设施方面。近年来,各城市加大了城市交通基础设施投入和建设力度,全国城市道路里程、城市道路面积和人均城市道路面积近十年年均增长分别为 6%~9%,但与年均 15%以上的民用汽车增长速度和 20%以上的私人汽车增长速度相比,城市交通基础设施建设还远远跟不上机动车增长的速度,城市交通基础设施的供需矛盾日益突出。三是公交发展方面。近年来,公交优先已经被提升到促进城市可持续发展的重要战略高度,但是,在实际工作中,公交优先战略的落实仍然不足,公交的用地落实、资金投入、枢纽建设等方面仍然存在诸多障碍。在大城市中,全出行方式中的公交出行平均分担率仅为 10%~30%,远远低于类似规模的发达国家城市的平均水平。城市公交站点的覆盖率不高、准点率低、换乘不便、舒适性低,直接影响了城市公交对居民的吸引力,导致了居民对小汽车出行的依赖增加,城市交通压力不断增长。

6.2 城市管理实践

1 北京

● 交通现状

2010 年,北京市常住人口 1961 万,机动车保有量达到 480.9 万辆,当年净增机动车 79 万辆。"十一五"以来,北京机动车发展一直保持高速增长、高强度使用、高密度聚集的"三高"态势,使城市道路交通网络一直处在近饱和或超饱和状态,通勤高峰期更为突出,给城市交通带来了严峻挑战。

2010 年,北京市居民各种交通方式出行构成中(不含步行),轨道交通分担率为 11.5%,公共汽电车分担率为28.2%,小汽车出行分担率为34.8%,出租车出行分担率为6.7%,自行车出行分担率为16.7%。"十一五"期间,北京市公共汽电车分担率一直保持在28%左右,然而小汽车出行分担率则以每年1个百分点左右的速度增长,道路交通拥堵状况日趋严重。

根据路网运行状况,北京市将拥堵程度划分为五级,分别为畅通、基本畅通、轻度拥堵、中度拥堵和严重拥堵。2010年,工作日道路网平均日交通拥堵指数为6.14,比2009年(指数5.41)增加了13.6%,见图6-1。

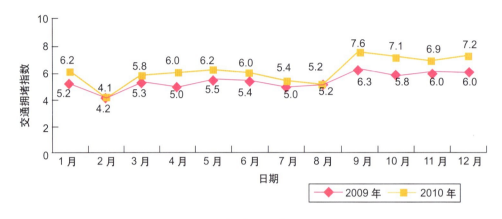

图6-1　北京工作日交通拥堵指数变化对比(与2009年同期)

北京市五环(含五环)范围内,早高峰(7:00～9:00)期间,路网平均速度为23.9公里/小时,其中快速路平均速度为35.1公里/小时,主干道平均速度为22.2公里/小时。晚高峰(17:00～19:00)期间,路网平均速度为21.2公里/小时,其中快速路平均速度为30.2公里/小时,主干道平均速度为19.7公里/小时。由于机动车保有量持续快速增长,2010年北京五环内路网速度较2009年同期有所降低,早、晚高峰路网平均车速分别降低了3.2%和4.9%。

● 治堵措施

为有效缓解北京交通拥堵问题,有力推进"人文北京、科技北京、绿色北京"战略的实施,2010年12月23日北京市政府办公厅印发了《北京市人民政府关于进一步推进首都交通科学发展加大力度缓解交通拥堵工作的意见》(以下简称《意见》)。

《意见》提出了举全市之力攻克拥堵难题,提高公共交通服务水平,打造"公交城市"、从小客车入手,直接调控机动化进程以及利用经济杠杆力撬动拥堵顽石。六类综合措施围绕"规、建、管、限"提出了六类综合措施,28条具体措施。具体见表6-1。

北京市缓解交通拥堵综合措施分项表　　　　　表6-1

综合措施	分项
(一)进一步完善城市规划,疏解中心城功能和人口	1. 进一步优化调整城市功能布局
	2. 充分发挥交通引导和服务作用
	3. 全面落实配套交通基础设施规划
(二)加快道路交通基础设施建设,提高承载能力	4. 全面推进中心城干道路网系统建设
	5. 加快建设中心城道路微循环系统
	6. 建设中心城5万个以上公共停车位
	7. 因地制宜建设20万个以上基本停车位
	8. 全面建成国家高速公路网和市级干道公路网

续上表

综合措施	分　　项
（三）加大优先发展公共交通力度，鼓励公交出行	9. 加快中心城轨道交通建设
	10. 改造既有轨道交通线路安全运营服务设施
	11. 构建公交快速通勤网络
	12. 进一步优化调整地面公交线网
	13. 加快综合客运交通枢纽和公交场站建设
（四）改善自行车、步行交通系统和驻车换乘条件，倡导绿色出行	14. 建成1000个站点、5万辆以上规模的公共自行车服务系统
	15. 积极发展中小学校车服务系统和鼓励单位开行班车
	16. 建成3万个以上车位的驻车换乘停车场
	17. 大力倡导现代交通理念和开展文明交通活动
	18. 倡导召开电视电话会议和实行弹性工作制
（五）进一步加强机动车管理，引导合理使用	19. 实行小客车保有量增量调控，缓解机动车过快增长势头
	20. 继续实施和完善高峰时段区域限行交通管理措施
	21. 机动车拥有者合理承担使用成本，削减中心城交通流量
（六）加强科学管理，提高现代交通管理和运输服务水平	22. 继续实施疏堵工程，提高既有道路通行能力
	23. 建设新一代智能交通管理系统
	24. 加强交通秩序管理
	25. 加强停车秩序和经营管理
	26. 建立交通信息发布和预警、预报系统，加强应急管理
	27. 进一步完善交通管理体制，落实责任
	28. 将缓解交通拥堵工作纳入督查和绩效考核内容

基于以上措施，制定了2015年的目标：确保中心城特别是核心区交通运行状况不恶化，重点路段交通状况得到改善，方便市民出行；确保为国务国事活动提供有力的交通保障；中心城公共交通出行比例达到50%左右，自行车出行比例保持在18%左右，小客车出行比例控制在25%以下；机动车主要污染物排放总量不高于2010年水平；交通安全处于国内领先水平，交通事故万车死亡率降到1.7以下。

❷ 深圳

交通需求管理是深圳交通综合治理的一个重要方面。十多年来，特别是2003～2006年间，深圳针对小汽车拥有量高速增长情况，在交通综合治理的框架下实施了多项交通需求管理措施，各项措施的具体内容见表6-2。

深圳交通需求管理措施实施基本情况 表 6-2

类型	措施	要点
非经济措施	限制摩托车上牌	1995 年起限制摩托车上牌。
	禁止摩托车通行	2003 年起原特区内大范围禁止摩托车通行。
	错时上下班	2003 年起在全市范围推行错时上下班。
	单双号通行管理	2004 年起相继在东门中路、火车站广场、皇岗口岸、罗湖口岸交通楼对空载出租车实施，在东门中路晚高峰对社会车辆实施。
	社会车辆限行限制	2005 年起相继在华强北路（下午）、建设路嘉宾路以南北向南方向实施。
	市区内禁止货车通行管理	扩大禁止货车通行的区域与道路范围，目前中心城区内道路早、晚高峰期间基本禁止大中货车通行。
	过境货车通行管理	2006 年大范围调整过境货车通行线路，目前已基本将过境货车分离出中心城区城市道路。
	机动车环保分类标志管理	2005 年起在深南路（华富路口—新秀立交）早、晚高峰期间限制未取得绿标车辆通行，此后逐渐扩大限行范围。
经济措施	提高停车收费	2006 年 9 月调整停车场收费办法。提高中心城区停车收费标准

2000 年前后，深圳开始进入小汽车持续快速增长阶段，交通压力增大，中心城区交通拥堵范围不断扩大。同时，由于轨道交通规模小，交通结构性矛盾较为突出。在此背景下，深圳市比较集中地实施了切实可行的交通需求管理措施，对缓解交通拥挤起到了重要作用。例如，停车收费提高后中心城区交通改善基本达到了预期的效果，停车收费上调之后 2 个月，华强北片区周边道路（华强路、深南路、振兴路、红荔路及华富路）行程车速提高了 8% ~ 16%。

6.3 工作重点

当前，我国正处于城镇化机动化高速增长的时期，城市交通拥堵问题在一定时期内仍将是城市交通可持续发展中所面临的重大问题之一，要缓解城市交通拥堵，必须采取综合措施。具体包括：

- **充分发挥规划的引领作用**

居民出行在空间上的分布与该片区的土地利用混合程度密切相关。中国很多城市都在高速城市化的进程之中，由此涌现出大量的新区、新城，应加强对其城市功能的建设和完善，研究居住、工业、公共设施等用地的规模比例、合理分布，保持居住与就业的相对平衡及商业网点、文体设施、中小学校等的配套建设，积极实施以公共交通为导向的土地开发模式，以减小跨片区出行活动，缩短出行距离，减轻交通压力。严格控制老城区的容积率、建筑密度和人口规模，对土地发展规模实行总量控制，实行限制土地利用类型和开发密度。

- **优化调整出行结构**

城市公共交通出行作为大中城市最重要的出行方式，对解决因道路交通资源有限而产生的交通问题所具有的不可替代的作用。必须在综合交通政策上确立公共交通优先发展的地位，在规划建设上优先考虑城市公共交通，在资金投入、财政税收上加大对公共交通的倾斜，在道路通行权上确立公共交通的优先权限。同时，要调控和引导私人小汽车使用。降低小汽车使用强度，成功促进交通出行结构不断优化。

- **加强交通需求管理**

在机动化进程快速发展的形势下,我国城市应提前采取措施,加强交通科学管理,更多地运用经济手段,配合法规和行政管理,有效调控、合理引导个体机动化交通需求。当前,应积极探索实施城市拥堵费、污染排放费、科学的停车管理等措施,降低公众出行对小汽车的依赖。另一方面,要加强公共交通和绿色出行的宣传和引导,推进行业精神文明建设,提高交通运行效率。

- **提高交通管理水平**

推进智能交通系统建设,实现日常监测、协调指挥、决策支持与信息服务等多种功能,满足公众信息服务、行业运行监测、交通应急指挥等方面的需求。加强道路交通秩序管理,加强道路交通执法力量,加大执法整治力度。建立交通信息发布和预警、预报系统,加强应急管理。充分利用报纸、网络、广播等媒体向社会发布交通信息,加强宣传报道力度,引导居民合理安排交通出行。

第七章　快速公共汽车交通（BRT）

7.1　现状

2005年12月，北京开通了我国首条快速公共汽车交通（BRT）运营线路，截至2010年年底，全国共有13个城市开通了快速公共汽车交通（BRT），分别是北京、广州、济南、厦门、杭州、常州、郑州、合肥、大连、昆明、重庆、枣庄和盐城。2010年全国BRT运营车辆2943辆，运营线路长度达到514公里，占公共汽电车运营线路总里程的0.08%。2010年全国BRT线路开通和运营基本情况见表7-1。

2010年全国BRT运营线路和车辆情况　　表7-1

省市	线路长度（公里）	运营车辆（辆）	省市	线路长度（公里）	运营车辆（辆）
北京	55	294	合肥	20	195
大连	14	64	郑州	30	350
常州	45	307	重庆	13	37
杭州	72	130	昆明	31	45
厦门	86	150	枣庄	35	50
济南	75	167	盐城	15	50
广州	23	1102			

注：数据来源于《全国交通运输统计资料汇编》（2010）。

专栏7-1：城市BRT发展历程

北京：2005年12月30日正式开通运营BRT1号线，其为全国第一条BRT线路，全长16公里。2008年8月为迎接北京奥运会，相继开通了BRT2、3号线，分别为15公里、23公里。

广州：2008年11月30日开工建设中山大道BRT试验线，2010年2月20日正式投入运营，该线路是广州市第一条快速公交线路，全长23公里。

厦门：2007年9月底，厦门快速公交系统开工建设，一期工程共有5条线路和1条联络线，全长157公里。其中，首期3条线路已经于2008年9月底投入运营，分别是快速公交1号线、2号线、3号线，总长51公里，后续又修建了BRT连接线。截至2010年，厦门BRT线路长度达到86公里。

常州：2007年5月24日正式开工建设BRT1号线，全长24公里，2008年元旦市区段线路投入运营，4月18日全线贯通。2008年6月开工建设BRT2号线，2009年5月正式通车，主线全长21公里。在主线开通的同时，根据道路的实际情况及客流需求，对每条主线适时的开辟了3条支线，形成了"二主六支"的组合式BRT网络体系。

济南：2004年11月开始着手进行快速公交的规划、设计和建设工作，发展至2010年共开通6条运营线路，里程达到75公里，基本形成"二横三纵"的网络格局，是国内首个在较短周期内形成快速公交网络的城市。

BRT1号线：2008年4月22日开通，全长11.5公里；

BRT2号线：2008年9月16日开通，全长11公里；

BRT3号线：2009年4月26日开通，全长11公里；

BRT4号线：2009年8月27日开通，全长9.5公里；

BRT5号线：2009年10月1日开通，全长19公里；

BRT6号线：2009年10月13日开通，全长13公里。

杭州：2006年4月26日，全国第二条快速公交线路（杭州BRT1号线）正式开通运营，全长27.1公里。2008年10月杭州公交集团又开通了杭州市第二条快速公交线BRT2号线，长19公里。而相继的BRT3号线于2010年春节前开通，长9.3公里。

郑州：2009年5月28日开通运营1条主线和8条支线，其中主线长30公里，支线全长112公里，覆盖郑州大部分城区。

昆明：1999年在全国率先建成城市公交专用道，但首条真正意义上的BRT线路（BRT1号线）于2007年1月1日建成通车，单程为10公里。截至2010年，昆明BRT线路达到31公里。

重庆：2008年1月1日竣工通车的重庆市第一条快速公交示范线路——高九路示范线，是全国首次在山地城市运营的快速公交系统，线路全长13公里。

大连：2007年5月中旬正式开工建设BRT线路，2008年1月15日开始试运行，18日正式运营通车，BRT线路全长14公里。

合肥：2010年首条BRT线路正式开通运营，全长20公里。

枣庄：2010年8月1日，枣庄市首条BRT线路正式开通运营，设置主线1条（B1）、支线2条（Z1、Z2）、换乘线3条（H1、H2、H3），其中主线全长33公里。换乘线可与B1线及Z1线同台、同向免费相互换乘，但在运营过程中，为促进枣庄BRT正常发展，后取消3条换乘线（H1、H2、H3）。

盐城：2010年5月1日开通一条主线（B1）和两条支线（B支1、B支2），其中主线全长15公里。

在我国，快速公共汽车交通（BRT）作为一种新型的交通运输方式，起步较晚，许多城市在最近几年才开始实施建设，大部分城市的线路单一不成网，线路走向以轴向为主，其中比较独特的是郑州，其采用环形布设，比较适合于棋盘式、环放射形的道路网。

7.2 城市管理实践

BRT这一新型交通方式自2005年12月份在我国投入运营以来至2010年已经历经5年时间的摸索与实践，我国城市在BRT的运营、管理和服务方面都积累了一定的经验。BRT线路的开通在方便城市居民出行、缓解城市交通拥堵等方面也发挥了一定的作用。

1 北京

北京市BRT1号线（图7-1）即南中轴快速公交线路较BRT2号线和BRT3号线实施效果更加显著。自2005年12月30日正式运营以来BRT1号线在客运量、服务水平和改善沿线交通环境等方面取得一定的实施效果，主要表现在：

（1）BRT1号线开通后，配合调整了沿线的7条普通公交线路，BRT1号线吸引了南中轴路35%的客流；

（2）从德茂庄到前门约40分钟，乘客从五环以外无需换乘即可到达市中心交通枢纽；

（3）BRT车辆运行速度较高，全程出行时间较BRT开通前节省30分钟；

（4）BRT车辆的准点率较高，尤其是在行车条件良好的三营门-木樨园桥区段和木樨园桥-天坛区段，区段准点率达到60%以上；

（5）BRT车辆周转较快，南中轴路上节省了公交车辆运力的投放，降低了能耗和尾气排放；

（6）线路整合后南中轴走廊上的机动车流量和车速都有了明显提高，公交车乘车秩序和社会车辆行车秩序都有一定改善。

图7-1　北京市BRT1号线

专栏7-2：北京市BRT1号线建设经验

市政府高度重视。北京南中轴路快速公交被列为市政府对市民承诺的重点工程之一。在2004年规划和建设期间北京市交通委牵头并委托北京公共交通控股（集团）有限公司实施，该项目同时得到北京市规划委、发改委、公安交通管理局、市政设计院、市公联公司等相关部门的大力支持与密切配合。

建设资金有保障。北京南中轴路快速公交系统投资总额6.57亿元，其中政府投资4.15亿元主要用于道路、桥梁等基础设施建设，市场化融资2.42亿元主要用于车辆、站台、智能及部分场站建设。

专用道土地有保障。由于专用道用地得到落实，北京南中轴路快速公交的专用路权是采用物理隔离方式来保障的，与社会车辆分道行驶，从根本上保证快速公交准点运营。

② 广州

广州市中山大道BRT试验线自开通以来，客流量大大增加。在高峰时段其断面客流和日均客运量均超过了广州市任何一条地铁线路。

在行车环境方面,中山大道BRT试验线开通运营后,高峰小时公交车平均运营车速提高。由于实现了公交车和社会车的各行其道,社会车车速也得到了显著改善,混合交通的程度大大降低,走廊交通环境和交通秩序总体上得到改善。广州岗顶的交通环境在中山大道BRT建设前后的对比见图7-2和图7-3。

图7-2 中山大道BRT建设前岗顶交通环境

图7-3 中山大道BRT建设后岗顶交通环境

在运营方面,通过站台内同方向免费换乘和实施新月票方案"每月搭乘15次之后实行票价6折",为乘客出行降低了出行费用。

3 济南

济南市BRT(图7-4)的建设和运营,取得了一定效果。主要表现在:

(1)济南BRT开通首日,1号线仅2万人次的客运量,目前1号线单线日客运量达7万人次,"二横三纵"网络6条BRT线路全线日均22万人次的客运量,发挥了BRT运量大、高效率的骨干运输作用。

(2)济南市BRT共配置营运车辆145部,排放标准达到欧Ⅲ以上,BRT车辆数仅占公交车辆总数的3.6%,却承担了公交总运量10%的客流,节能减排作用突出。

图7-4 济南市BRT车站

(3) 济南市 BRT 自投运以来，市民对公交系统的满意程度由 2008 年的 89.1% 提高到目前的 95.0%。

(4) 济南市 BRT 的建设和运营，调整和优化了城市公共交通运营结构，以快速公交为骨干，普通公交为基础，小区支线为补充，郊区线路为衔接的多种类型的线网构架正在逐步形成。

(5) BRT 的建设与运营有助于转移机动化交通方式以及非机动化交通方式，使原来 25.5% 不乘坐公交出行的乘客改为乘坐 BRT 出行。

专栏 7-3：济南市 BRT 建设与运营经验

政府高度重视

(1) 济南市政府成立了由杨鲁豫副市长任组长，邹世平副市长任副组长，市直有关部门主要负责人为成员的建设领导小组。领导小组设办公室，挂在市建委，办公室下设综合组、规划设计组、政策运营组和交通管理四个组。

(2) 济南市建委、规划局、市政公用局、交警支队、公交公司等部门全过程参加规划设计研究，各个单位分工明确，高度协作。

高度重视前期规划

(1) 济南市 2006 年 10 月成立公共交通总公司科学技术研究院，将公共交通引导城市发展（TOD）的思想融入城市规划、建设和管理中，同年 11 月组织开展了大规模的公交客流调查，为 BRT 线网规划及运营管理提供了强有力的数据支持。

(2) 济南市邀请国内外知名专家作为顾问和颇具实力的 7 家规划设计机构选派精干力量投入前期研究策划及规划设计，建立了多学科、多专业的规划设计队伍。

(3) 在科学论证的基础上，结合《济南市城市总体规划》，济南市制定了"二横三纵"BRT 网络的近期建设规划，同时制定了"三横五纵"、"五横七纵"BRT 网络的中远期建设规划。

注重系统工程建设

(1) 注重将 BRT 的建设与城市道路增量建设相结合。充分利用北园大街及二环东路等城市道路建设工程中道路资源的增量部分建设 BRT 专用道，减少了社会矛盾。同时，将 BRT 的建设与城市用地布局相衔接、与城市建设与发展相协调，形成因地制宜、独具地方特色的发展模式。

(2) 在 BRT 系统的建设中，充分结合道路网络建设和现有的公交专用道资源搭建 BRT 骨架，将增量资源和存量资源有效整合，快速形成灵活性较强的开放式 BRT 网络。

推行标准化运营管理

(1) 济南市公共交通总公司对 BRT 的运营采取"星级管理、星级服务"的企业管理制度打造 BRT 优质服务品牌。

(2) 在普通公交三星级以上驾驶员中选拔 BRT 驾驶员，面向社会公开招聘优秀大学生作为站务服务人员，并组织进行了各项专业培训。

(3) 引入航空地勤式服务理念，采取 BRT 运营车辆"一圈一检"的检修工作流程。

(4) 运用现代化公交智能技术，建设了"人、车、站、道"一体化的智能化监控、调度、管理和信息服务系统，形成了柔性灵活的调度管理方式，并根据济南实践编写了地方标准《快速公交系统（BRT）智能管理技术规范》。

---

④ 常州

常州是全国中心城市以外第一个开通 BRT 的地级城市，常州 BRT1 号线（图 7-5）部分开通以来，运营情况良好，BRT1 号线组合线路日均客运量已达 15 万人次，占公交日均客运量的 13% 以上，主线全程平均运行速度为 23km/h，高峰小时单向客流达 8500 人次。

图 7-5　常州市 BRT1 号线车站

> **专栏 7-4：常州市 BRT 建设与运营经验**
>
> 　　政府重视。常州市政府高度重视 BRT 建设，通过制定优先发展城市公共交通的政策，积极促进 BRT 的建设，该政策意在把城市有限的道路资源优先分配给人均道路使用效率更高的公共汽车，通过提高交通服务水平，吸引更多的市民采用公共交通方式出行。
> 　　因地制宜。常州市遵循以人为本、因地制宜的原则，在 BRT 建设上采用适用于常州市的工程技术。"线随人走"充分覆盖客流需求最为集中的中心岛；首次在国内采用"中央侧式站台"最大限度地提高了 BRT 的灵活性，不仅充分利用道路资源，也充分拓展服务范围，大大吸引乘客，形成快速公交的客运走廊。
> 　　科技应用。常州市 BRT 运营调度系统采用实时定位技术和先进的通信技术，为道路交通管理和运营部门提供交通和线路客流变化情况，从而有效管理交通秩序和合理调度车辆。
> 　　完善配套。常州市完善 BRT 线路首末站和保养场的配套设施建设，提高了站点和场站的服务功能，如一号线配套建设了车站工作人员工作、生活的设施和夜间驻车停车坪，保养场设有车辆停放区、检修设备、加油站和其他附属设备。
> 　　改进票制。常州市 BRT 线路实行与常规公共汽车完全相同的票价，全程一元一票制，还在主线和支线同台提供同向免费换乘。因政府实施低票价政策每年减少市民公交出行费用 1 亿多元。
>
> 资料来源：2010 年中国道路运输发展报告

7.3　工作重点

　　2010 年是"十一五"的最后一年，在这 5 年中，城市快速公交得到较快发展，取得了一定的成绩，但是目前仍然存在诸多问题与不足。为了更好地引导城市快速交通系统的健康发展，在下一步工作中着重加强以下几个方面的工作：

　　重点之一：加强对城市 BRT 发展的引导

　　目前，我国城市快速公交发展迅速，但是发展模式和等级参差不齐，各地的 BRT 发展形式和实施效果各异，在国家层面缺乏宏观的统一指导，因此要加快研究制定《关于促进城市快速公共汽车交通发展的指导意见》、《城市快速公共汽车交通分级分类标准规范》、《城市快速公共汽车交通规划编制指南》、《城市快速公共汽车交通运营评估指标体系与方法》等一揽子政策和技术标准规范，尽快出台和发布相应的政策和标准以指导各个城市根据自身情况建设的BRT系统，引导中国城市快速公交的健康可持续发展。

重点之二：加强BRT与其他交通方式的协调发展

BRT作为城市公共交通系统中一个重要组成部分，其发展要与其他交通方式有机协调，这样才能发挥城市公共交通运输网络的整体效益。

首先，BRT与城市轨道交通作为两种大容量、快速公共交通方式，在城市公共交通网络中发挥着运输城市客流的主干作用，要进一步加强BRT与城市轨道交通在线网、枢纽、运输组织方面的有效衔接，以方便乘客出行和换乘，以充分发挥BRT和城市轨道交通的客流运输通道作用。

其次，要加强BRT与常规地面公交的有效整合。BRT与常规地面公交是骨干与基础的关系，相互依存，加强二者的有机整合，以促进整个公交线网的机动性和可达性，提高整个城市公交线网的服务能力。

再次，要加强BRT与出租汽车、自行车、步行、私人小汽车等出行方式的有效整合，提高相互之间的换乘效率，优化换乘环境，提高BRT系统的吸引力和骨干作用。

最后，BRT要与城市对外交通运输方式相衔接。BRT系统的建设必须与民航、铁路、公路等对外交通运输方式相衔接，真正起到快速疏散的作用。

重点之三：继续推进BRT系统服务提升

BRT在城市客运服务中具有运量大、速度快、可靠性高、乘坐舒适和污染少等一系列优势。但是各地在发展BRT系统的过程中，在线网规划、路权优先、场站设施、信号调度等方面还不能满足日益增长的BRT客流需求，因此，必须进一步提升BRT系统的服务水平，强化运营企业服务意识，升级技术等级，真正发挥BRT系统大、快、准的运输效能。

第八章　城市客运信息化

8.1　现状

2010年，智能化信息采集与处理技术、公共交通IC卡系统技术、卫星定位技术（GPS）、智能公共交通调度与信号控制技术、可视化查询系统、应急救援技术等新技术和科技创新成果在城市客运领域得到进一步推广和应用。

2010年，北京、上海、广州、深圳等城市加快信息整合技术的应用，建立了覆盖公共汽电车、轨道交通、出租汽车以及长途汽车客运、航空等多种交通方式在内的城市交通运行监控中心。此外，还有很多城市建成了或正在建设智能化公共交通调度管理系统。

8.2　城市管理实践

1 北京

北京市交通运行协调指挥中心（TOCC）以整合、接入、共享为基础，已整合2800多项数据，接入6000多路视频和13个应用系统，初步建成集轨道交通、地面公交、出租车等综合运输方式和城市道路、高速公路监控调度、统计分析、气象保障和应急指挥为一体的新一代综合交通运输管理系统，实现全市综合交通运输的统筹、协调和联动，建立常态化综合交通运输协调管理体系，为缓解拥堵、提高交通运行效率和安全提供了重要保障。见图8-1。

图8-1　北京市交通行业数据资源管理与共享交换平台

在城市客运方面，信息化水平也不断提高，主要体现在以下几个方面：
- **公交智能调度系统**

建设了三级运营组织与调度系统，采用纵深三级的管理体系结构，覆盖公交集团公司、9个核心运营分公司（5个分中心）、190个车队和537条线路，采取IC卡识别和GPS辅助监控方式来实现运营组织管理电子化，实现自上而下的控制与自下而上的信息流向的信息管理机制。截至2010年年底，公交集团公司所有线路全部使用该系统，实现了运营数据的实时查询和统计分析，提高了运营管理水平。

- **公交图像信息管理系统**

建设了公交图像信息管理系统，包括1个图像信息管理中心、11个图像信息管理分中心。建设了60个公交场站、750个公交中途站和1377辆车内视频监控系统，实现与政府和相关单位的图像资源共享，可以有效掌握客流、运营和安全情况，为调度指挥、安全管理提供技术支持。

- **公交车辆GPS监控调度系统**

建设了运营车辆GPS监控系统，可实时、动态掌握公交车辆运行状况，提高运营组织、调度指挥和管理水平。目前，公交集团公司可使用智能化手段监控运营车辆达14906辆，占总数的51%。

- **城市轨道交通运营**

制定了城市轨道交通信息化发展规划，明确建设与发展方向。完成机关OA系统升级改版，制定了管理办法，加强人员使用培训，加快推广应用。完成视频会议系统的方案设计及招标。建立并逐步完善了北京市轨道交通指挥中心信息化集中管理监控平台。

② 上海

上海市依托市城乡建设和交通委员会、交通运输和港口管理局的管理体制，建设了政府（二级）和企业（多级）信息中心，均涉及公共交通信息化业务，其信息化框架体系见图8-2。

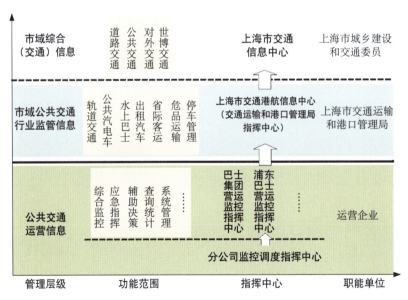

图 8-2　上海市交通信息化物理层级框架

- **政府级交通信息化管理**

在上海市城乡建设和交通委的统筹下，形成了"一委四局"的信息化管理局面，顶层为城市交通信息中心，下层为交通港航信息中心（又名上海市交通运输和港口管理局指挥中心）。

上海市交通信息中心整合了市域范围内的交通、市政、绿化市容、住房管理等信息，交通信息分道路信息、公共交通、对外交通、世博交通四大板块。

上海市交通港航信息中心是上海市城乡客运行业的监管、指挥中心，整合了轨道交通、公共汽电车、出租汽车、水上巴士、城际客运、危险品运输、停车管理等交通信息。

上海市城市公共交通监管平台设置在上海市交通港航信息中心，是城市级的公共交通行业监管平台。业务范围包括全市的轨道交通、公共汽电车、出租汽车、水上巴士、城际客运、危险品运输、停车管理等。见图 8-3。

图 8-3　上海市公共交通监管平台

主要功能包括：城市客运日常运营监管，应急指挥和信息服务。其中应急指挥主要功能是公共交通突发事件的应急指挥，临时处置与指挥，与公路、铁路、民航等协调。提供实时视频数据的查看，车辆资源的集中指挥等。信息服务主要承担综合数据库建设维护和管理，以及上海市交通门户网站的建设、维护和管理，通过门户网站发布综合交通信息服务。

- **企业级公共交通信息化管理**

上海市约有 18000 辆公共汽车，第三轮公交改革后，仍有 9 家公交企业，且核心的浦东、浦西两家公交企业下属公司、分公司众多，不同的分公司在调度管理模式上差异性很大。加之上海城市化程度较高，高架道路、隧道、楼宇等对 GPS 信号的可靠性影响非常大。因此基于 GPS 的公交调度系统目前仍主要作为监控和辅助调度手段。企业公交调度系统面向企业运营生产需求，主要提供中心级的监控、调度指挥功能和现场级的执行调度功能。

按集团公司的规模，企业的公交信息化管理涵盖集团级、公司级、分公司级、车队级、现场级等。以上海巴士公交（集团）有限公司（浦西公交）为例，其基本的信息中心建设情况为：

上海巴士集团营运监控指挥中心，由上海久事公司投资，上海巴士公交（集团）有限公司建设，主要面向本集团公司内部的公交公司的数据汇集、信息管理、应急指挥、视频会议、运营监控等业务需求，向上海市交通运输和港口管理局提供数据和信息。

世博会期间，上海市综合应用了出行综合信息服务系统、公共交通信息服务系统、道路交通联动诱导系统、公共停车信息服务系统、枢纽交通信息服务系统、客流预测预报系统、手持和车载移动终端系统及牌照识别比对系统等保障世博会交通顺畅，充分利用了当代信息技术和网络通信技术，为 7000 万人次的世博会交通组织、运管者及游客提供了先进的交通信息服务，提高了世博会游客出行效率，保障了世博会交通的高效运营。

③ 广州

广州市已建成的智能交通系统主要包括：智能公交调度系统、出租车智能管理服务系统、交通信息服务系统、城市交通运行智能分析与评价平台。见图8-4。

图8-4 广州市交通信息指挥中心

- **智能公交调度系统**

截至2010年12月，广州市共安装公交智能终端10150台，其中广州市区安装9094台，覆盖率为100%，番禺区安装1056台，覆盖超过85%。设立310个电子站牌，可提供车辆到达本站的距离等信息。此外，在全市8667辆公交车上安装了约2.6万个摄像头，基本覆盖全市公交车辆。

广州市建设了10个监控中心，实现了对公交车辆的实时监控定位和调度，智能公交系统与公交企业的管理信息系统结合；统一建设BRT智能系统与公交信息化系统，实现新系统与已有系统的有机结合，其中BRT智能监控调度系统具有总控协调、运营计划等86项功能，符合BRT个性化运营特点。

- **出租车智能管理服务系统**

广州市建设了全市出租车智能管理服务系统，其中包括一个总控中心平台（位于广州市交通信息指挥中心内），为70多家出租车企业全部建设了出租车企业分中心平台；对全市出租车安装终端设备，安装覆盖率达100%。建设了10个维修点，为司机提供设备维修保养服务。成立了96900客服中心，为司机提供较为完善的后台服务。

- **交通信息服务系统**

广州市交通委对外的交通信息服务窗口，主要面向市民出行、司机营运、政府管理提供信息服务。目前接入出租、公交、公路客运、旅游包车、危险品运输、散体物料等各类运输行业车载GPS智能终端超过4万个，利用各种信息化系统可对各运输行业的运行动态进行集中监控，可进行重大运输保障调度、安全行车、规范营运、服务水平等监管，并通过系统进行应急调度指挥。各部门可通过系统进行数据共享，实现跨部门联动监管。

- **城市交通运行智能分析与评价平台**

该平台通过对出租车等浮动车数据的实时采集，实现对各个路段、交叉口的交通状况科学、量化的评价，包括拥堵程度、拥堵范围、拥堵时长，对影响和阻碍交通发展的瓶颈路段进行诊断和分析。该平台可以为制定相关交通组织管理和保障措施提供决策支持。

亚运会期间，广州市采用公共交通线路智能排班系统，实现了"一人多线"调度，达到减员增效的目的；使用ITS共用信息平台道路实时拥堵变化情况发布、旅行时间预测、行车诱导服务、优选路线计算等服务功能；出租车综合管理服务系统实现了出租车卫星定位监控、防盗反窃、电话召车、羊城通电子消费、语音通话、车辆营运数据统计分析、外语翻译及导航指路等功能。

4 成都

- **成都市交通信息中心／数据中心**

自2006年成都市交通运输委员会开始负责公交、出租等城市客运的业务以后，成都市交通信息中心接入了以下信息系统：出租车管理系统、公共交通IC卡管理系统、2009年建成的公交监管调度系统、浮动车系统、以及停车诱导系统。

成都市交通信息中心计划在2011年内建设视频交通流采集系统，使用采集系统收集的数据进行交通流分析，生成实时交通路况并下发数据，在主干道上建立电子信息屏，诱导公众出行，缓解交通拥堵。同时，将在现有的基础上建立交通应急指挥中心。

- **成都市公交集团监控中心**

成都市公交集团于2008年开始建设公交监控中心，2009年3月份建成。成都市公交集团监控中心由四个系统组成：公交智能调度系统；车载视频系统，用于安全，服务，服务纠纷，营运等方面；电子抓拍系统；调度系统扩展，短信平台查询线路和到站，还有约500个电子站牌，后期会在电子站牌上安装摄像头。

目前，公交智能化调度系统的数据还保存在公交集团，没有实时上传到交委信息中心。

5 郑州

郑州市2001年引入公交IC卡系统，2006年引入GPS智能调度系统和ERP综合信息管理系统及电子站牌见图8-5。

郑州市已经完成公交GPS智能调度系统的建设，GPS智能调度系统采用多级调度模式，由总调中心、分公司分调中心、场区站务管理三部分组成。见图8-6。

图8-5 郑州市某公交站点电子站牌

图8-6 郑州市公共交通总公司监控调度指挥中心

公交 GPS 智能调度系统的主要功能包括：车辆定位与实时监控、线路排班与智能调度、客流统计与分析、故障与应急服务、统计分析与辅助决策等。

8.3 工作重点

2010 年，我国城市客运信息化技术应用与推广取得了一定成绩。为更好地适应日益增长的客运需求，未来重点开展如下工作：

一是要建设面向不同层级交通主管部门的行业管理信息系统和面向公众的客运信息服务体系，逐步融合城市公共交通、公路、水路、铁路、民航等方式的交通信息，初步实现向社会提供全方位、多方式、跨地区的一站式客运信息查询服务。

二是建设城市客运综合信息平台，涵盖地面公交、轨道交通、出租汽车、公共自行车等多种方式，实现城市客运安全应急保障、城市客运综合智能调度、客运车辆监控、IC 卡收费结算、互动式乘客出行信息服务等多项功能，不断优化城市客运系统运营管理。

三是加快城市公共交通节能环保技术、车辆身份自动识别技术、车辆检测与监控技术、智能调度技术以及先进的信息服务技术等的研发与应用。

四是统筹规划全国城市公共交通行业智能化发展框架，建设国家城市公共交通数据库，加快国家级、省市级城市公共交通数据标准体系和智能化标准体系建设，初步建成以中心城市为节点的国家级城市公共交通运行状态监测平台。

五是开展城市出租汽车服务管理信息系统建设，更新改造出租汽车智能车载终端设备，整合建设出租汽车电召服务和监控指挥中心，实现电召服务、监控调度、市场监管、运行分析等功能，提升出租汽车行业管理水平和服务水平，缓解道路拥堵，降低能源消耗，减少尾气排放，并适时在地市级以上城市逐步推广应用。

第九章　城市客运节能减排

2010 年，城市客运行业按照国家节能减排战略的总体部署，切实加强节能减排制度建设，加快推进交通发展方式转变，优化交通运输结构，构建低碳交通运输体系，有效地促进了行业节能减排。

9.1　现状

2010 年，城市客运车辆节能环保水平稳步提高。城市客运行业在坚持执行新车排放标准的同时，也加强了对既有营运车辆的维护与保养，加快老旧、高能耗、高污染营运车辆的淘汰与更新。2010 年，全国国Ⅲ及以上排放标准的公交车辆占公交运营车辆总数的 47.8%，比 2009 年上升 13.4%，见图 9-1。国Ⅲ及以上排放标准的出租汽车占出租汽车的 73.3%，比 2009 年上升 7.1%，见图 9-2。截至 2010 年年底，全国新能源公交车辆累计 2927 辆，新能源出租车 400 多辆。

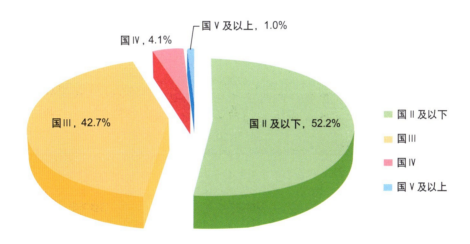

图 9-1　2010 年全国公共汽车排放标准比重结构

数据来源于《全国交通运输统计资料汇编》（2010）

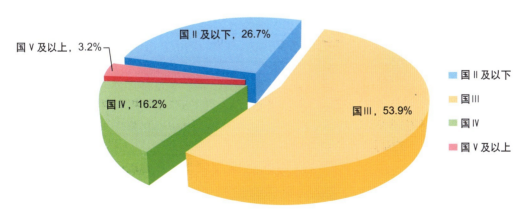

图 9-2　2010 年全国出租汽车排放标准比重结构

数据来源于城乡道路客运燃油消耗信息申报系统

2010年，交通运输部继续组织开展"车、船、路、港"千家交通运输企业节能减排专项行动，遴选了一批优秀的节能减排项目，为行业内经验交流与推广奠定了坚实的基础。2010年，李盛霖部长主持召开了两次部务会议和多次节能减排专题会议，研究解决开展节能减排工作的重大问题，并部署相关工作。2010年3月，交通运输部印发《2010年交通运输行业节能减排工作要点》，指导包括城市客运在内的交通运输行业将节能减排工作落到实处。同年，交通运输部组织开展了构建低碳交通运输体系等多项重大课题研究，并将在此基础上出台《构建低碳交通运输体系的指导意见》和《构建低碳交通运输体系的实施方案》。同时，为落实节能减排，配合国家发展改革委、财政部、科技部等单位，积极开展低碳城市、节能与新能源车辆推广等示范工作。此外，各地为推进城市客运节能减排，制定了新能源公交车辆使用的详细实施计划，为城市客运节能减排指标的落实提供了重要支撑。

1 开展重大课题研究

2010年，交通运输部组织开展了多项交通运输节能减排的重大课题研究，进一步明确了"十二五"期以及到2020年交通运输节能减排的发展目标、发展思路、重要内容和政策保障等，为实现交通节能减排目标明确了发展方向。

结合《公路水路交通节能减排中长期规划》，交通运输部组织开展了《公路水路交通运输节能减排"十二五"规划》编制工作，在规划中提出要加快完善并组织实施交通运输行业能源与碳排放统计分析制度，完善公路运输、水路运输、港口生产、城市客运等节能减排统计指标体系、方法体系和采集体系，纳入国家统计制度。

为应对气候变化，交通运输部组织开展了低碳交通运输体系研究，其中城市客运领域碳排放现状目标与监测考核体系列入七个研究专题之一，研究提出了建设低碳交通基础设施、推广应用低碳型交通运输装备、优化交通运输组织模式及操作方法、建设智能交通工程、提供低碳交通公众信息服务和建立健全交通运输碳排放管理体系六个重要的节能减排领域。

此外，交通运输部组织开展了若干标准规范研究，为节能减排工作提供重要的技术支撑和数据支撑，如《全国城乡客运燃油消耗量测算方法与补贴规范研究》、《新能源公交车辆推广应用技术要求研究》、《混合动力汽车推广应用技术要求研究》等。

2 发展新能源汽车

发展新能源汽车是城市客运节能减排的重要手段。一方面通过技术进步，提高传统燃料营运车辆节能与排放技术；另一方面，积极推进新能源汽车在城市客运领域中的使用，使用清洁能源和可再生能源，实现节能减排。

2009年1月，为推进节能减排，同时加快汽车产业结构调整，推动节能与新能源汽车产业化，财政部、科技部决定，在北京、上海、重庆、长春、大连、杭州、济南、武汉、深圳、合肥、长沙、昆明、南昌等13个城市开展节能与新能源汽车示范推广试点工作，以财政政策鼓励在公交、出租、公务、环卫和邮政等公共服务领域率先推广使用节能与新能源汽车，对推广使用单位购买节能与新能源汽车给予补助。其中，中央财政重点对购置节能与新能源汽车给予补助，地方财政重点对相关配套设施建设及维护保养给予补助。为加强财政资金管理，提高资金使用效益，制定了《节能与新能源汽车示范推广财政补助资金管理暂行办法》（财建〔2009〕6号），明确了不同类型车辆的具体补助标准，见表9-1。

十米以上城市公交客车示范推广补助标准 表 9-1

节能与新能源汽车类型	节油率	使用铅酸电池的混合动力系统（万元/辆）	使用镍氢电池、锂离子电池/超级电容器的混合动力系统（万元/辆）	
			最大电功率比 20%～50%	最大电功率比 50% 以上①
混合动力汽车	10%～20%	5	20	—
	20%～30%	7	25	30
	30%～40%	8	30	36
	40% 以上	—	35	42
纯电动汽车	100%	—	—	50
燃料电池汽车	100%	—	—	60

注：数据来源于《关于开展节能与新能源汽车示范推广试点工作的通知》（财建 [2009]6 号）。
① 最大电功率比 50% 以上混合动力汽车补助标准均含 plug-in。

2010 年，为贯彻落实国务院《关于进一步加大工作力度 确保实现"十一五"节能减排目标的通知》（国发 [2010]12 号）精神，进一步做好扩大节能与新能源汽车示范推广工作，加快推进节能与新能源汽车产业化，财政部、科技部在现有 13 个试点城市的基础上，增加天津、海口、郑州、厦门、苏州、唐山、广州等 7 个试点城市。根据试点城市实施方案和资金申请，财政部通过省级财政部门将示范推广补助资金预拨给试点城市，试点城市的实施规模和补助资金力度不断加大。

2010 年 12 月，为深入了解当前新能源公交和出租车辆应用现状，切实做好新能源汽车示范推广的指导和管理工作，交通运输部赴上海、杭州、深圳、北京等城市开展新能源汽车专题调研活动，提出了针对新能源公交和出租车辆运营管理的改进建议和保障措施。

2009 和 2010 年是我国新能源汽车"十城千辆"计划示范工程运行的前两年，国家和各示范城市在新能源汽车采购方面给予政策性资金倾斜。各示范城市在地方政府的领导和大力支持下，先后制订了新能源公交和出租车辆的推广实施计划，见表 9-2。

部分城市新能源营运车辆的推广实施计划 表 9-2

城市	计 划 情 况
北京市	到"十二五"期末，混合动力车辆规模计划达到 3000 辆，单车节油率 20%。按照每辆混合动力车 120 万元计算，共需投资 3.6 亿元。2010 年生产的 200 辆纯电动公交车，将在"十二五"期间全面投入运营。
上海市	上海将在"十城千辆"示范工程的第二阶段（2011～2012 年），将继续推广新能源车辆 2965 辆，其中，纯电动汽车 2185 辆（公交：1125 辆；其他：1060 辆）、混合动力汽车 780 辆（公交：530 辆；出租车：50 辆；其他：200 辆）。
深圳市	按照《深圳市节能与新能源汽车示范推广实施方案》（2009～2012 年），2011 年，新能源公交和出租车辆推广规模达到 2011 辆。截至 2012 年年底，将在公交、出租、公务、私家车等领域示范推广各类新能源汽车 24000 辆，其中公交车 4000 辆、出租车与公务车各 2500 辆，其余是私家车，并相应建设公交快慢充电站和社会充电站若干座，基本形成覆盖全市的电动汽车充电网络。
杭州市	新订购混合动力公交 100 辆，20 辆正在招标，计划年底达到 495 辆。正在组建"杭州市新能源出租汽车有限公司"，首批投入 200 辆电动出租车，车型拟选择普利马和众泰朗悦，建成充换电站 7 座：古翠站、西溪站、市民中心站、西湖文化广场站、国际会展中心、和平会展中心、金鸡路站，4 个停车站。
武汉市	武汉市将于 2011 年投入 200 台新能源出租汽车，拟由生产厂家组建出租车公司运营。

3 实施低碳城市试点

根据国务院关于"节能减排"、"加强节油节电工作"等战略决策精神,国家发展改革委、财政部、科技部等国家部委积极选定了若干试点城市,启动了低碳交通有关的试点示范工作,对深化节能减排工作进行有益的探索,其中公共汽车和出租汽车成为多数试点示范活动的优先领域。

2010年7月,国家发展改革委启动了全国"五省八市"的低碳省区和低碳城市试点工作,积极发展低碳产业、建设低碳城市、倡导低碳生活。试点要求加快建立以低碳排放为特征的产业体系,结合当地产业特色和发展战略,加快低碳技术创新,推进低碳技术研发、示范和产业化,加快发展低碳交通,培育壮大节能环保、新能源等战略性新兴产业。同时要求建立温室气体排放数据统计和管理体系。试点地区要加强温室气体排放统计工作,建立完整的数据收集和核算系统,加强能力建设,提供机构和人员保障。试点中,城市客运是其中最主要的组成部分之一。

试点启动后,在第一阶段,试点省区和城市积极编制试点实施方案,并安排在2011年初进行评审,评审通过后,进入第二阶段实质性的组织实施阶段,由各试点城市将在市委、市政府的领导和支持下,制订和落实各项措施,以保障试点项目的节能减排效果。

9.2 城市管理实践

1 厦门

厦门市高度重视城市客运的节能减排工作,主要体现在:

(1)提高对城市客运节能减排工作的思想认识。厦门市要求各级交通管理部门和交通企事业单位要统一思想认识,高度重视城市客运节能减排工作,正确处理城市客运发展与交通节能减排的关系,促进城市客运发展转型,进一步增强紧迫感和责任感,切实采取措施,下大力气抓好城市客运节能减排工作。

(2)开通BRT线路,实现公交质的飞跃。2008年9月1日,BRT三条线路及其配套的连接线正式开通。BRT便捷、高效、安全、舒适、准点的特点,有力地改善了市民出行条件和缓解了城市交通压力。

(3)加快报废更新公交和出租车辆,减少尾气污染。组织公交集团将国家确定的营运车辆10～8年使用年限提前到8～6年,将排放标准达不到国Ⅲ要求的、技术性能较差的公交车辆提前报废并更新车辆。2009~2010年间,厦门市公交集团更新投放了国Ⅲ排放标准的公交车325台,并积极开发试点CNG公交车,待气源有保障后,逐步推广使用CNG公交车,进一步降低公交车尾气污染。截至2010年年底,厦门市区燃用柴油的公交车已全部达到国Ⅱ以上排放标准。2009年,厦门市更新投放出租汽车425台,新车全部达到国Ⅲ排放标准。

(4)鼓励企业采取有效措施,节约车辆的燃油消耗。一是厦门市公交集团督促驾驶员收车时认真检查车辆,避免带病的车辆上路行驶;二是开发了公交营运综合管理系统,运用科技手段,引导驾驶员柔和驾车、不急加油门、不超速行驶,养成良好的节油驾驶习惯;三是设立了节油奖励制度,对节油工作突出的予以节油奖金,激励驾驶员主动节油。

2 贵阳

贵阳市结合城市发展实际,通过以下措施在城市客运节能减排方面取得了显著成效。

(1)出台发展绿色交通的行动方案。2008年,贵阳市交通运输局根据市委市政府的要求,出台了《关于大力发展绿色交通的行动方案》,在规划、设计、建设运营、管理等环节建立健全绿色生态体制和机制,实现交通行业低投入、低消耗、高产出、高效循环"两低两高"的可持续发展。

(2) 公交"油改气"顺利进行。2006 年，贵阳市公交公司开始尝试对柴油发动机进行改装，成功地将在用柴油发动机改造成既可燃用液化天然气又可燃用柴油的发动机，为在全国城市公交推广液化天然气汽车发挥了积极作用。2007 年，贵阳市公交公司承担了科技部 863 计划项目"贵阳市单一燃料 LNG 公交车高原条件下运行考核研究"课题，同年 3 月底正式实施 LNG 项目。4 月，科技部对此项目节点进行检查，给予了充分肯定，评价该公司是目前国内项目完成得最好，使用液化天然气汽车数量最多的单位。在发动机改装方面，解决了除常规改造方法以外的技术难题，并向国家知识产权局申请了专利三项：两项实用型，一项发明型。截至 2010 年年底，公司已经对 1216 辆公交车实施了燃油改燃气改造，并且通过与各方合作建成 6 座加气站，保证了 LNG 公交车的气源，实现了清洁燃料利用并产生了直接的节能减排效果。

(3) 严格执行驾驶员培训标准。自 2010 年 1 月 1 日起，贵阳市所有驾驶员培训中开始启用驾驶培训模拟器教学。根据交通运输部《机动车驾驶员培训教学大纲》要求，学员在学习期间要进行 10 学时的模拟器学习和培训。全市启用模拟器培训后，在有效提高驾驶员培训质量同时，每年可为驾校节约汽油约 30 万升以上。

(4) 节能减排宣传力度加大。贵阳市十分注重全社会参与交通运输节能减排，通过加强宣传不断增强社会公众低碳理念。2010 年 6 月，由贵州省政府主办的"贵州省暨贵阳市 2010 年全国节能宣传周启动仪式"在贵阳市人民广场举行。此次宣传周主题是"节能攻坚全民行动"，贵州省交通运输厅系统积极参与此项活动，并为节能减排宣传工作制作了宣传展板，向过往群众发放《驾车节油小窍门》、《低碳生活从我做起》等宣传资料，向群众宣传、讲解交通节能法规和政策。

9.3 工作重点

城市客运节能减排是一项长期而艰巨的任务，在未来应重点抓好以下几方面工作：

一是出台交通节能减排的相关政策。为促进交通节能减排和指导低碳交通运输体系建设，交通行业应尽快出台《构建低碳交通运输体系的指导意见》和《构建低碳交通运输体系的实施方案》，提出全行业以及城市客运、公路运输、水路运输三个领域的发展目标、发展思路和发展框架，确定构建低碳交通运输体系的重点领域，积极申请落实交通节能减排专项资金的来源。在试点的组织实施期间，应加强试点的组织管理，督促各重点试点项目的顺利开展，探索建立城市客运节能减排和试点项目实施的监测考核体系。同时，应成立交通运输节能减排项目管理中心，加强对交通节能减排项目和节能减排专项资金的管理，对节能减排效益突出的城市和项目进行资金奖励，提高城市和城市客运企业参与节能减排的积极性，并保证交通节能减排专项资金的高效利用。

二是启动城市低碳交通运输体系试点。在交通运输部的领导下，结合全国低碳城市和节能与新能源汽车示范工作，遴选十个具备试点条件的试点城市，组织试点城市积极开展城市低碳交通运输体系试点工作，编制低碳交通运输体系试点的实施方案，明确各试点城市建设低碳交通运输体系的主要内容、发展潜力、组织实施、资金保障和制度保障，并鼓励城市积极申请交通节能减排的专项资金作为完善节能减排项目的补充资金。试点期间，应定期组织各试点城市交流和分享交通节能减排的经验与教训，扩大行业节能减排的效果。

三是探索研究建立城市客运节能减排的统计监测与考核体系。结合我国发展实际以及城市客运的统计基础，构建科学合理的监测指标体系，加大研究力度，探索建立城市客运节能减排的统计监测与考核体系。制订合理的监测方案，包括：监测主体、监测范围及其内容、监测频率、监测数据的核查与评估分析、数据采集分析平台和决策支持系统建设、人员培训等。建立专业的监测队伍，以长远利益为目标，以低碳城市交通试点为契机，制订合理可行的监测方案，不断完善监测机制，产生一批成序列、高质量的监测数据，为城市客运节能减排的政府决策和科学研究提供数据支撑。

第十章　城市交通行政管理体制

10.1　现状

① 国家层面

2008年3月,十一届全国人大一次会议批准的《国务院机构改革方案》和《国务院关于机构设置的通知》(国发[2008]11号)决定组建交通运输部,将原建设部指导城市客运的职责整合划入了新组建的交通运输部。为进一步明确新调整的该项职能,经国务院批准,2009年3月国务院办公厅以国办发[2009]18号发布了《交通运输部主要职责内设机构和人员编制规定》。按照该规定,调整后交通运输部在城市客运方面相关的管理职能包括:

- **基本职能**

承担城乡道路运输市场监管,指导城市客运管理,拟定相关政策、制度和标准并监督实施。

- **具体职能**

承担运输线路、营运车辆、枢纽、运输场站等管理工作;承担车辆维修、营运车辆综合性能检测、机动车驾驶员培训机构和驾驶员培训管理工作;承担公共汽车、城市轨道交通运营、出租汽车、汽车租赁等的指导工作。

- **新增职能**

在调整后的道路运输管理职能中,属于新增的职能有:对公共汽车经营的管理;对城市轨道交通运营的管理;对出租汽车经营的管理;对汽车租赁经营的管理;按规定承担物流市场有关管理工作。

② 省级层面

国家大部制改革实施以后,各省积极启动了交通行政管理体制改革工作。此次改革中,地方政府参照交通运输部的职能职责,对省级政府部门之间的职责和分工进行了相应的调整。截至2010年年底,全国31个省(自治区、直辖市)都明确了交通运输主管部门指导城市客运职责,28个省(自治区、直辖市)明确了交通运输主管部门负责指导城市轨道交通运营职责。其中,河北、山西、吉林、江苏、山东、湖南、广东、海南、西藏、甘肃、青海、宁夏等10余个省、自治区所辖城市已经全部将城市公共交通管理职能划归交通运输部门管理。各省交通运输主管部门普遍设立主管道路运输和城市客运的处室,例如(城市)客运管理处、(综合)运输管理处、出租汽车管理处等,主要负责城市客运发展的法规、政策、规划等宏观管理和综合协调职能。省级政府交通运输主管部门所属的道路运输管理机构在省政府交通运输主管部门组织领导下和法律法规授权下,具体行使对全省道路运输行业统筹规划、组织协调、监督管理等相关职能。

③ 城市层面

截至2010年年底,全国333个城市(含地级市、自治州、盟和计划单列市)中,有80%多的城市明确由交通运输部门管理城市客运,其中36个中心城市中,除极个别城市以外,其他城市均已将城市客运管理职能划归交通运输部门管理。市级道路运输管理机构在城市交通运输主管部门组织领导和上级道路运输管理机构的指导下,根据法律法规授权,具体行使对城市客运的行业统筹规划、组织协调、监督管理和服务等职能。城市客运管理体制的逐步理顺，为提升城市客运管理水平、落实公交优先发展战略、推进城乡客运一体化发展进程提供了基本的制度保障。

10.2 城市管理实践

科学、高效的管理体制和运行机制是实现城市交通可持续发展的重要保障，是提高交通系统总体运行效率，构建现代综合运输体系的基础条件。近年来，各级政府积极探索综合的交通行政管理模式，创造和积累了许多很有价值的经验。目前全国城市客运管理体制逐步向统一管理、资源整合、综合协调、监督规范的方向发展；部门内设机构向"精简、效能、统一"的要求转变；在交通规划、建设、运营、管理过程中，不断加强与其他行业管理部门之间的沟通与协调，交通行业"政企分开、政事分开"稳步推进。通过改革，提高了科学决策水平，加快了交通法制化建设，提高了交通投融资能力，提高了城市客运的运营效率和服务水平，交通行政管理体制改革初见成效。

2009年7月31日，《深圳市人民政府机构改革方案》经中央编委、省编委批准印发，深圳市大部制改革由此正式推开。市政府《关于印发市政府工作部门主要职责内设机构和人员编制规定的通知》（深府办[2009]100号）明确在原深圳市交通局的基础上成立了深圳市交通运输委员会（全市7大委员会之一），统一负责市政道路（公路）的规划设计、建设、管养、执法及交通运输管理工作，在全国率先建立了高度综合的"一城一交"大交通管理体制，见图10-1。

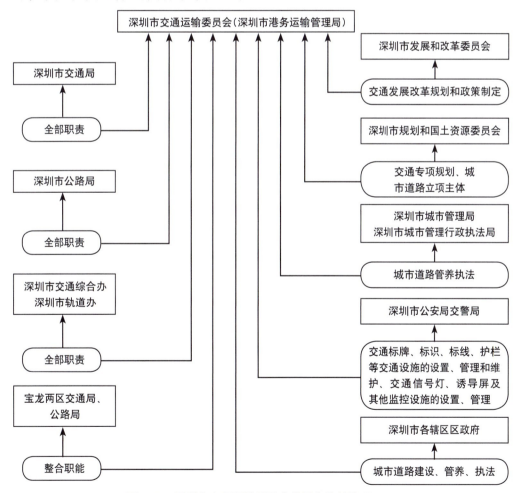

图10-1 深圳市交通运输委员会的机构改革情况

新的市交通运输委划入了5大块职能，一是划入原市交通局、原市公路局、原市城市交通综合治理领导小组办公室、原市轨道交通建设指挥部办公室的职责；二是划入市城市管理局的市政道路、桥梁的管理、维护及市政道路执法职责；三是划入原市规划局的组织编制交通专项规划及市政府投资新建市政道路立项主体的职责；四是划入市公安局交通警察局的交通标牌、标识、标线、护栏等交通设施的设置、管理和维护以及新建、改建道路上的交通信号灯、诱导屏及其他监控设施的设置职责；五是划入宝安、龙岗区政府管理交通和道路的职责。承担了保障城市道路交通畅通、交通运输工程建设管理、交通运输行业监管和交通运输综合协调等4大类责任。

深圳市此次交通体制改革重点强化了交通运输主管部门的3大职能，一是加强交通规划、建设、管养的有机衔接，优化交通运输布局，发挥整合优势和组织效率；二是加强全市一体化路网体系建设，优化路网结构；三是加强统筹特区内外交通建设和运输协调，大力发展特区外公共交通，加快特区内外交通建设和运输一体化进程。同时，按照综合统筹、运输管理、规划建设三个板块的职能定位，明确深圳市交通运输委员会在城市交通方面负责预测总需求、制定总政策、提出总方案、提供总供给，实现总需求和总供给的动态平衡，保障城市交通畅通。此外，深圳是目前全国唯一将城市道路畅通职能写入三定方案的城市，这方面的职能主要包括：一是负责道路、桥梁、隧道、公用场站、枢纽、航道、人行天桥以及交通标牌、标识、标线、护栏等交通设施的管理和养护监管，以及新建、改建道路上的交通信号灯、诱导屏等监控设施的统一设置；二是建立并实施交通影响评估制度，组织开展交通需求管理汇总、发布城市交通信息，分析、评估城市交通状况，制定和组织实施城市交通组织、管理和改善方案。

深圳市通过本轮交通行政管理体制改革，将城市交通各方式、各专业、各要素的管理职能全面纳入一体化大交通管理体制，真正实现了城市交通管理职能的统筹整合，交通管理资源的组合效率和集成优势得到了充分发挥，为提高城市交通管理效率和城市交通服务水平起到了重要的推动作用。主要体现在以下方面：一是打破了特区内外二元化管理结构，实现了全市交通运输的统一管理；二是全面集成交通运输纵向运行职能。改革分别将分散在市、区各部门、各层级的交通规划、建设、运营、秩序等相关职能全部整合划入市交通运输委；三是实现了城市交通公共汽电车、出租汽车、轨道交通等动态资源与道路、枢纽、场站等静态资源的有机整合，为打造一体化综合交通体系，提供高品质交通服务提供了强大动力；四是实现了全市智能交通工作集中统一管理，交通主管部门在构建全市一体化智能交通体系上的主体作用得到充分发挥。

10.3 工作重点

目前，虽然通过新一轮的政府机构改革，各地逐步将城市客运管理职能交由交通运输部门负责，初步实现了城乡客运统筹管理，但是在许多城市，与城市客运相关的一些重要职能，如城市客运基础设施建设、城市公交专用道和公交优先信号设置、城市交通监控设施的规划、建设等，仍然分散在建设、市政、公安及其他各相关部门，职能交叉、职责不清的问题仍然比较突出，还不能充分适应城乡交通一体化发展和综合运输体系建设的需求，迫切需要按照精简、统一、效能的原则，进一步推进综合交通管理体制改革。

为此，要进一步加大城市交通管理体制改革的指导和协调力度，利用地方政府机构改革的机会，加快大部门管理体制改革进程，进一步理顺城市客运管理体制。通过改革，强化政府交通运输主管部门在宏观决策、公共服务、市场监管、综合协调等方面的职能，推进"政令畅通、运转协调、执行顺畅、监督有力"的城市交通管理体制。在每个城市整合成立一个综合的交通行政管理机构，全面履行城市交通、城乡交通、城际交通等各方面的综合管理职能，推动建立真正意义上的"一城一交"的综合管理模式，为提升城市客运管理效率和管理水平，推动城市公交优先战略的落实，加快现代综合运输体系建设，推进城乡公共服务均等化提供体制保障。

第十一章　城乡道路客运一体化

11.1　背景

随着我国城市化进程的加快，城市与农村的界限日益模糊，城乡联系日益紧密。城乡道路客运一体化发展，是在我国城镇化发展进程和社会主义新农村建设全面推进的新形势下，为加快落实统筹城乡协调发展战略，提出的一项重要行业发展政策，体现了新时期交通运输业发展的阶段性特征。城乡道路客运一体化发展的本质，是打破城乡客运二元结构，将城乡道路客运作为一个整体进行通盘考虑，对城乡道路客运进行统筹谋划和协调布局，通过优化资源配置，发挥整体优势，逐步形成城乡道路客运统筹发展、良性互动的新格局，实现城乡道路客运基本公共服务均等化。推进城乡道路客运一体化发展，实现城乡道路客运资源共享、政策协调、衔接顺畅、服务优质，是实践科学发展观、贯彻中央统筹城乡协调发展战略、落实中央"三农"政策的重要举措，是加快转变城乡道路客运发展方式、提升行业可持续发展能力、发挥行业比较优势的迫切需要，对推进城乡道路客运基本公共服务均等化具有重要意义。

2009年交通运输部道路运输司组织全行业开展了新时期道路运输发展大调研活动，对统筹城乡道路客运协调发展进行了专题调研，深入了解城乡客运的发展现状、管理现状以及存在的困难等，总结、交流各地方省市先进发展经验，编制了《统筹城乡道路客运协调发展专题调研报告》和《统筹城乡道路客运协调发展专题调研资料汇编》，为各省（区、市）交通运输主管部门的相关工作提供了参考。

2010年12月9日至10日，江苏省召开全省城乡客运一体化发展工作会议，交通运输部冯正霖副部长在会上指出，要加快推进城乡道路客运一体化发展，不断提升服务品质和发展质量，全方位满足城乡客运运输需求。

11.2　地方实践

近年来，在各级政府的大力支持下，各地交通运输主管部门和道路运输管理机构结合自身实际，积极探索推进城乡道路客运一体化发展的政策措施，我国城乡道路客运一体化发展步伐不断加快，各地在推进城乡客运一体化发展过程中，逐步探索形成了几种典型模式。

一是"城乡公交全区域覆盖模式"，即在市域范围内实行统一标准的城市公共交通服务，如北京、上海、深圳等。二是"城际客运公交化运营模式"，即在城市与毗邻地区间，对客运班线实施公交化运营，服务沿途群众出行需要，如江浙沪毗邻地区、郑州与周边城市、杭州至湖州，开通了多条城际客运公交化运营线路。三是"城市公交对接模式"，即相邻城市之间对开多条公交线路（或轨道交通）实现无缝衔接，如苏州与无锡之间的公交运营线路、西安与咸阳之间的公交运营线路、广州和佛山的国内首条地下城际轨道交通线等。四是"镇村公交模式"，即构建"市—镇—村"一体化的公交网络，实行了镇到村、村到村的镇村公交，如江苏溧阳市，以及河北、天津、湖南等省份稳步推进农村客运线路公交化改造。五是"混合型发展模式"，即城市公交和农村客运线路融合模式，如重庆、长沙、长春、厦门等大部分中心城市和中等城市。

专栏 11-1：北京市

2006 年以来，北京市加快优化公交线网，按公益性定位对郊区公共客运进行改革，统筹城乡客运一体化发展，逐步建立以快线网为骨架、普线网为基础、支线网为补充的相匹配的三级公共交通网络。依托高速公路开通的远郊快速公交线路达 52 条，配车 2500 余辆，实现了行政村"村村通公交"。在行业管理方面，明确责任主体，市区（0-8 字头）和市郊 9 字头公交的行业管理由市级交通运输管理部门负责，区县境内客运由区县政府负责，区县交通主管部门负责行业管理，市级交通运输管理部门指导；在线网布局方面，明确公共客运网络的服务范围：市郊 9 字头公交线路主要服务于市区与远郊区县县城和重点乡镇以及远郊区县间的出行，区县境内客运线路主要服务于其境内的出行；在票制票价优惠政策方面，持卡乘车实行与市区公交同样的折扣优惠，区县境内客运票价根据各自情况实行优惠政策；在扶持政策方面，市区（0-8 字头）和市郊 9 字头公交的财政扶持由市级负责，区县境内客运财政扶持由区（县）政府负责，市级给予支持。

专栏 11-2：浙江省嘉兴市

一是实行区域化经营制度。将本级辖区划分为五个片区，由三家公司实行专营，片区经营主体统筹安排本区域的线路和车辆，并负责提供片区内行政村公交车的通达服务。通过片区经营，行政村公交通达率实现包干制，解决了"热线"过热、"冷线"过冷的矛盾。二是实行专业化管理。制定《嘉兴市公交行业服务规范》，要求公司制定管理制度、运营标准、服务规范。三是在成本核算的基础上，统一了城乡公交票价政策。普通客车基本运价为每人公里 0.12 元，空调客车基本运价为每人公里 0.16 元，按元进档，按站收费。四是与公安部门协调，确定城乡公交车辆的乘员标准。参照城市公交客车标准确定，增加车辆站位，并考虑城市道路与公路技术设计上的差别，嘉兴市规定市区内公交车辆按 0.125 平方米／人核定，城乡公交车辆按 0.15 平方米／人核定，较好解决了客流高峰运力不足的问题。

专栏 11-3：江苏省溧阳市

2005 年以来，溧阳在江苏省率先启动"城乡公交一体化工程"，在全市所有乡镇建成标准化农村客运站，实现全省联网售票，建成公交候车亭 580 个，市区到所有建制镇均投放了新型空调公交车，逐步形成了"城区、市镇、镇村"公交三位一体的城乡交通新格局。积极探索"1 元制"镇村公交新模式，确立镇村公交的经营主体。溧阳市客运有限公司为加强镇村公交的管理，专门成立了镇村公交公司，负责镇村公交的日常经营管理，车辆由公司集体购买，选用符合农村道路通车要求的 11 座小型公交车，喷涂醒目的标志标识、监督电话、停靠站点等。所有线路实行公车公营、无人售票、全程票价"1 元制"，发车间隔约十分钟左右一班，每天每条线共发 40 多个班次，充分满足村民的出行需求。

11.3 工作重点

当前，我国城乡道路客运一体化发展应以促进城乡道路客运基本公共服务均等化和保障城乡居民"行有所乘"基本需求为目标，以转变城乡道路客运发展方式为主线，坚持"公交优先、城乡一体"的发展理念，将统筹城乡道路客运协调发展作为为民办实事的重大工程，充分发挥政府主导和部门联动、政策引导和市场互动的组合作用，努力为城乡居民提供安全、便捷、经济、高效的出行服务。

第一，加快完善城乡道路客运一体化法规和标准规范体系。加快完善城乡道路客运法规体系，特别是加快制定或完善城市公共交通的地方性法规，解决城市公共交通管理无法可依的问题，并完善城乡道路客运一体化标准规范体系，实现城乡道路客运服务的有效衔接，促进行业规范化、制度化发展。

第二，加快建设城乡道路客运服务保障网络。坚持"无缝衔接、方便换乘"的原则，统一规划功能层次合理的换乘枢纽和城际、城市、城乡、镇村四级客运网络，加强城乡道路客运枢纽场站建设，优化城乡道路客运网络衔接。根据城乡毗邻地区居民出行需求特点，充分考虑城市公共交通与城市周边短途客运班线的服务差异，推进城市公共交通和城市周边短途班线客运的融合。

第三，加快落实城市公共交通优先发展战略。贯彻落实国家优先发展城市公共交通战略和有关政策措施，确立城市公共交通的公益性定位。稳步拓展城市公共交通服务网络，鼓励经济发展水平和城镇化程度较高的城市，公共交通线网向城市周边的县城、重点乡镇以及主要人流集散点延伸。

第四，加快提升农村客运普遍服务能力。完善农村客运基础设施和客运服务网络。大力支持城镇化水平和居民出行密度较高的地区持续推进农村客运线路公交化运行，推广规范化、标准化的服务。支持"镇到村"农村客运网络发展，鼓励有条件的地区结合本地实际，有重点、分阶段在镇域内发展"镇村公交"。按照2009年和2010年国务院1号文件关于"建立农村客运政策性补贴制度"的精神，研究制定农村客运公共财政保障制度，鼓励提高农村客运通达深度、广度和服务水平，引导农村客运公司化、集约化、规范化经营，增强农村客运可持续发展能力。

第五，加快推进道路客运经营结构调整。科学制定道路旅客运输线网发展规划，合理规划和调整客运线网布局、运力规模及结构等，增强线路和运力发展的科学性。建立和完善跨区域的城际客运协调机制和联合审批机制，探索并完善城际客运公交化运行的管理机制和运营模式。选择部分省份开展省域或跨省域客运联网售票和电子客票系统试点工程，提升道路客运信息服务水平。

第六，加强城乡道路客运安全管理。坚持安全第一、预防为主，完善车型标准、通行条件、安全监管等方面的制度，加强农村客运车辆、站场、企业资格、线路审批等源头管理。联合有关部门，加快完善城际客运班线公交化运行的线路长度、车辆标准、安全监管、站点设置、服务质量考评、运营市场管理等方面的制度、标准和规范，为客运班线公交化运行提供基础支撑。

第七，建立科学合理的城乡道路客运票制票价体系。各级交通运输部门要积极会同价格部门，综合考虑社会承受能力、企业运营成本和交通供求状况，完善价格形成机制，并根据服务质量、运输距离以及公共交通方式间的换乘等因素，建立多层次、差别化的价格体系；结合公共财政补贴补偿情况，研究建立城市公共交通低票价政策，增强公共交通吸引力。对公交化运行的城际客运和农村客运，可结合地方公共财政补贴情况，实施特定的票价优惠政策，但不宜实行过低票价。

附录 2010年度城市客运大事记

1月

1日，财政部、交通运输部联合制定的《城乡道路客运成品油价格补助资金管理暂行办法》正式施行。据此，中央财政对城市公共汽电车、出租汽车、农村客运车辆燃油消耗因燃油价格上涨所增加的成本给予一定数量的资金补助。

6日，国务院副总理张德江视察中国联通总部，通过视频听取了济南市公共交通总公司关于3G公交视频监控系统建设情况的汇报。

15日，2010年全国交通运输工作会议在京召开。中央政治局委员、国务院副总理张德江出席会议并发表重要讲话，强调要围绕建设畅通高效、安全绿色交通运输体系的目标，转变发展方式，深化体制机制改革，加快建设步伐，加强队伍建设，着力推进交通运输快速发展、高效发展、安全发展、绿色发展，为经济社会发展提供强有力的交通运输保障。交通运输部部长李盛霖作了题为《全面完成"十一五"目标任务 加快发展现代交通运输业》的工作报告，对2010年城市客运发展进行了总体部署。

22日，交通运输部安委会召开2010年第一次会议。交通运输部部长、部安委会主任李盛霖出席，对加强道路运输及城市客运安全生产提出了具体要求。

2月

21日，交通运输部办公厅发文，就关于做好新时期道路运输业发展大调研成果转化和应用工作作出安排，明确提出十项成果转化和应用的专题任务，其中统筹城乡客运协调发展为专题任务之一。

22日，交通运输部副部长徐祖远主持召开专题会议部署上海世博会安保工作，对道路运输及城市客运安全保障工作提出了相关要求。

3月

11日，交通运输部李盛霖部长、冯正霖副部长要求以道路危险货物运输从业人员、长途汽车客运驾驶员、出租汽车驾驶员和机动车检测维修从业人员4项职业资格制度为重点，创立交通运输行业的职业资格制度品牌。

18日，交通运输部道路运输司组织编写的《世界主要城市公共交通》一书出版发行。冯正霖副部长为本书作序。

4月

12日，交通运输部举办道路运输工作新职能厅局长研讨班，全国各省市、自治区交通运输主管部门和道路运输管理机构负责人以及部分科研单位的同志参加培训班，重点对大部制改革后新增的城市公交、出租汽车、轨道交通运营、物流管理等新职能进行了培训。

21日至23日，交通运输部道路运输司组织对安徽省上海世博会道路运输安全保障工作进行检查。

5月

31日，中国（长春）国际交通与城市发展论坛在吉林省长春市开幕。

7月

7日起，交通运输部就公路水路交通运输"十二五"发展规划向公众征求意见和建议。

8日，交通运输部李盛霖部长在杭州主持召开全国部分市县长出租汽车管理座谈会，听取市县长对出租汽车管理的意见和建议。

30日，上海市第十三届人民代表大会常务委员会第二十次会议审议通过对《上海市公共汽车和电车客运管理条例》的修改。

8月

17日，公安部、交通运输部联合召开加强公交客运安全防范工作电视电话会议。冯正霖副部长出席会议，强调加强安全防范工作组织领导，严格公交客运安全监管，落实企业安全防范主体责任。

31日，交通运输部冯正霖副部长到江苏溧阳调研城乡客运一体化进程。

31日，中美交通论坛城市拥堵工作组研讨会在北京召开，交流探讨城市公共交通发展、城市交通拥堵治理方面的措施和经验。

9月

1日，交通运输部冯正霖副部长在南京主持召开规范发展出租汽车行业工作座谈会，听取专家、学者、管理部门及出租汽车企业代表的意见和建议。

8日，全国中心城市交通改革与发展研讨会第27次会议在大连举行。全国28个中心城市交通运输相关部门代表共90人参加了会议。会上，代表们围绕坚持城市公交优先发展战略，推进城市公交、轨道交通、出租客运的改革与发展，统筹城乡交通一体化；坚持深化体制改革和依法行政，推进城市综合交通运输体系快速发展等6个议题，进行了广泛交流和深入探讨，并达成共识。

8日，2010中国智能交通（道路交通安全）论坛在北京召开，由中国智能交通协会牵头发起的国家智能交通产业技术创新战略联盟正式成立。

10月

22日至31日，《城市公共交通条例》（征求意见稿）由国务院法制办公开上网征求社会意见。

27日，交通运输部冯正霖副部长一行到济南市公共交通总公司调研，乘坐了济南市快速公共汽车交通（BRT）4号线，并考察了济南新能源公交车辆使用情况。

31日，上海世博会圆满闭幕。交通运输部发电慰问在上海世博安保工作中坚守岗位、辛勤工作的广大交通运输干部职工。

11月

1日，新修订的《上海市公共汽车和电车客运管理条例》正式施行。

3日，交通运输部在江西南昌组织召开部分省级交通运输主管部门机关机构改革座谈会。会议总结回顾了这一轮中央和省级交通运输大部门体制改革情况，分析了新形势下交通运输大部门体制改革面临的机遇和挑战，提出了继续探索和完善职能有机统一的交通运输大部门体制建设、完善综合运输行政运行机制的对策和建议。

9日，中国、西班牙道路旅客运输专家会议在京举行，就中西两国发展道路旅客运输和城市客运发展的基本经验、改革实践和发展措施进行交流。

11日，交通运输部与深圳市政府在深圳签署《共建国家"公交都市"示范城市合作框架协议》。交通运输部党组书记、部长李盛霖，广东省委常委、深圳市委书记王荣在签约仪式上讲话。李盛霖部长与深圳市委副书记、市长许勤在协议上签字。

12日，交通运输部李盛霖部长、徐祖远副部长在广州就道路、水路、邮政、亚运安全保障工作进行实战前的检查。

24日，中共中央政治局常委李长春在北京展览馆参观2010中国绿色产业和绿色经济高科技国际博览会，并在交通运输部副部长高宏峰等陪同下，参观了交通运输节能减排绿色发展示范展区，详细询问了电子不停车收费、城市自行车租赁、快速公交、交通诱导等在交通运输行业的应用情况和节能减排实施效果，了解智能交通在北京等城市中的应用情况。

25日，山东省第十一届人民代表大会常务委员会第二十次会议审议通过《山东省道路运输条例》，该条例自2011年3月1日起施行。

12月

1日，交通运输部道路运输司就城市交通拥堵问题举行专家讲座。

9日至10日，交通运输部翁孟勇副部长在深圳考察新能源公交车和出租车应用情况。

10日，中美交通论坛在深圳市召开。北京与纽约、北京与洛杉矶、深圳与旧金山交通部门签署了缓解城市交通拥堵备忘录。翁孟勇副部长出席会议。

23日，北京市人民政府办公厅印发了《北京市人民政府关于进一步推进首都交通科学发展加大力度缓解交通拥堵工作的意见》。

28日，2011年全国交通运输工作会议在北京隆重召开。中共中央政治局委员、国务院副总理张德江出席代表座谈会并强调指出，要继续加强基础设施建设，大幅度提升我国交通运输能力，促进城乡、区域交通运输协调发展。要全面落实优先发展公共交通战略，加快构建衔接顺畅、方便快捷、经济安全的城市公共交通运输服务体系。

30日，北京五条地铁线路同时开通，新增线路109公里，轨道交通线路总长度达到336公里。截止2010年底，全国城市轨道交通运营里程达到1471.3公里。